KB131895

영화 유튜버 라이너의 철학 시사회

아이언맨과 아리스토텔레스를 함께 만나는 필름 속 인문학

영화 유튜버 라이너의

철학 시사회

PHILOSOPHY
×
MOVIE

라이너 지음

중앙books

영화 유튜버 라이너, 철학자와 함께 영화를 보다

모든 사람들이 저마다의 스토리를 써나가는 것이 인생인 것 같습니다. 돌이켜보면 학자와 소설가를 꿈꿨던 청년이 당시에는 이름도 생소했던 '유튜버'로 살아갈 거란 사실을 누가 짐작이나 했을까요? 삶의 궤적은 때때로 나락으로 떨어지는 신기루 같기도 합니다. 제 인생에서 20대의 삶이 그랬습니다. 어느 순간 릴케와 보들레르와 도스토옙스키를, 이상과 기형도와 박경리와 조정래를 말하던 문학청년이 입시 경쟁에서 살아남으라고 외치는 자본주의의 노예가 되었습니다.

'라이너의 컬쳐쇼크' 그리고…

그러나 이 자본주의 사회에서 사람을 살게 하는 건 오직 돈만이었던 건 아니었습니다. 생각과 너무 다른 삶에 도망치듯 시작한 유튜브는 제게 새로운 탈출구가 되었습니다. 처음에 게임 유튜버로 시작한 '라이너'는 밝고 유쾌하기만 했어요. 즐겁게 게임을 하며 재담을 떠는 콘텐츠를 주로 올렸죠. 그러나 그 안에는 여전히 고통받던 과거의 불행한 청년이 있었습니다. 다시는 예전의 생활로 돌아가기 싫어 더욱 '라이너'에 매달렸고 결국 사랑하는 사람을 놓치게 되었습니다. 그녀와 함께 영화를 보고 헤어진 바로 그날, 저의 두 번째 채널 '라이너의 컬쳐쇼크'를 시작하게 되었습니다. 지금의 라이너를 만들어준, 영화 리뷰를 전문적으로 하는 채널이었죠. 인생곡선의 상승과 하락 속에서 저는 저도 모르게 그렇게 다시 문장을, 철학을 어떻게든 파내고 있었습니다.

처음 '컬쳐쇼크'를 진행할 때, 라이너의 기존 구독자와 팬들은 라이너의 변한 모습에 당황했습니다. 그도 그럴 것이 게임 채널은 즐겁게 재담을 펼치며 콘텐츠를 제작하면 충분했지만, 영화 유튜브를 진행하기 위해서는 20대 문학청년이 쌓아놓은 재산을 빌려와야 했죠. 그 속에서 자연스럽게 시니컬하고 세상 전부를 부정하는 듯한, 차갑고 이죽거리는 캐릭터가 튀어나왔습니다. 뉴 미디어의 출현이라는 시대적 흐름에 점점 채널이 성장하며 라이너와 문학청년은 조금씩 화해해나갔습니다. 한때 맞지 않는 일을 하느라 힘들어했던 제게 '라이너'의 이야기에 귀 기울이는 사람들이 있다는 것은 꿈같고 힘들어도 기쁘고 보람 있는 일입니다.

그렇기에 저에게 이 책을 집필하는 것은 불행한 청년과 유쾌한 라이너의 내적 대립을 그대로 그리는 것과 같습니다. 현학적이고 고리타분했던 과거의 재산을, 유튜버의 대중적이고 상냥

한 언어로 재정립하는 일이 쉽지는 않았지만 매우 흥미진진한 작업이었습니다.

'영화'라는 돋보기로 들여다본 철학 이야기

철학을 좋아하는 사람으로서 철학이 어렵고 고리타분하다는 말이 늘 안타깝습니다. 글을 쓰면서 가장 크게 고민한 것은, 내가 지닌 재산을 어떻게 하면 독자들에게 정확하게, 그리고 편안하게 전달할 수 있느냐는 것이었습니다. 이 책에 소개된 철학자 11명의 사유를 말하려면 책 11권이 더 있어도 부족할 것입니다. 그렇기에 오히려 힘을 빼고 그저 영화를 읽는 하나의 시각을 제시하고, 어렵게만 받아들이는 철학을 제가 영화를 보면서 느낀 대로 소개하고자 했습니다. 철학자들의 사상에 '영화'라는 돋보기를 갖다 댄 것이지요.

영화와 철학이 동시에 다루는 주제에 대해 다양한 사유가 가능함을 말하고 싶었으나 때로 깊이가 얕은 부분은 너그럽게 봐주시면 감사하겠습니다. 무엇보다 영화를 보면서 떠오르는 어렴풋한 아이디어와 궁금증에 인문학적인 해석을 넣으려고 고심했습니다. 또한 영화를 선정하는 데에 있어서도 고전 명작과 가장 최근에 개봉한 작품들을 고루 다루려고 했습니다. 우리가 사는 '지금, 여기'를 반영하는 영화와 시대를 초월하는 위대한 철학을 함께 담는 것이 쉽지는 않았지만 즐거운 작업이었습니다.

책을 출간하는 것이 처음은 아닙니다. 하지만 라이너라는 이름으로, 그것도 문학이 아닌 인문학 서적을 내게 된 것은 제게도 예상치 못한 일입니다. 이런 기회를 얻을 수 있게 해준 모든 이들에게 감사드립니다. 부디 이 책이, 독자 여러분이 철학을 대하고 영화를 감상하는 데에 흥미로운 의견을 말해주는 좋은 친구가 될 수 있기를 바랄 뿐입니다.

우리가 즐겨 보는 영화의 대중성을 빌려와, 독자 여러분이 조금 더 쉽게 철학을 접하고, 더 깊은 공부로 나아갈 수만 있다면, 이 책을 쓴 저로서는 더할 나위 없는 기쁨일 것입니다. 저는 지금 철학의 육중한 철문 앞에서 여러분을 맞이하고 있습니다.

부디 이 책이 재미있는 영화를 곁들인, 즐거운 산책이 되기를.

2021년 3월
라이너

CONTENTS

Chapter 1

아이언맨의 눈물이 황홀한 이유

어벤져스: 인피니티 워

×

아리스토텔레스

어벤져스: 인피니티 워
Avengers: Infinity War

감독 안소니 루소, 조 루소 **개봉** 2018년

지구의 히어로들에게, 아니 전 우주의 생명체들에게 커다란 위기가 닥쳐온다. 어둠 속에서 암약하던 우주의 최강자 타노스가 우주의 생명체 절반을 없애기 위해 '인피니티 스톤'을 본격적으로 모으기 시작한 것. 이 위험한 타이탄은 행성 잔다르를 공격해 이미 '파워 스톤'을 차지했고, 아스가르드 난민들의 우주선까지 습격해 토르를 쓰러뜨리고 아스가르드인의 절반을 학살한다. 로키와 헤임달마저 살해하고 '스페이스 스톤'을 손에 넣은 타노스는 부하들을 지구로 보내 '마인드 스톤'과 '타임 스톤'을 가져오도록 하고, 본인은 '리얼리티 스톤'을 찾기 위해 콜렉터를 찾아간다. 어벤져스는 타노스를 막기 위한 전쟁을 준비하는데….

우리는 히어로 영화의 시대에 살고 있습니다. 만화 속 영웅들이 스크린으로 이동해서 제각기 매력을 뽐내고 지구의 위기에 맞서 싸우죠. 악당을 물리치는 영웅들의 행보에 관객들은 열광합니다. 특히 우리나라 사람들은 '마블민국'이라 부를 정도로 마블의 히어로 영화를 좋아해요.

시대가 어려우면 영웅을 갈망한다고 했던가요. 우리는 역사적으로 많은 어려움을 겪어왔고, 그런 배경 때문인지 늘 영웅을 원하고 반기는 것 같습니다. 그리고 이러한 히어로 무비의 대유행을 이끌어가는 블록버스터 시리즈가 '어벤져스'입니다.

슈퍼 히어로들이 한자리에 모인다면

어느 순간부터 'MCU'라는 단어가 일상적으로 받아들여지기 시작했습니다. 알다시피 'Marvel Cinematic Universe'의 줄임말로, 마블 히어로 무비의 세계관을 뜻하죠. 원작 코믹스에서도 개별 히어로들이 모인 히어로 집단이 주인공 역할을 하는 스토리가 있어요. 히어로 집단 코믹스의 경우, 각자의 서사가 쌓인 인물들이 하나의 작품에서 활약하니 몰입도는 훨씬 높아지고 이야기는 자연스레 복잡해졌습니다. 또 개별 히어로 코믹스의 팬들은 해당 히어로를 보기 위해 '저스티스 리그'나 '어벤져스' 시리즈를 접하게 되고, 자연스레 다른 히어로의 매력을 발견하죠. 그렇게 시리즈를 거듭할수록 세계관도, 이야기도, 인물들의 관계도, 독자들의 네트워크도 강화됩니다. 그게 코믹스의 전략이었습니다.

영화는 애초에 그런 전략을 실현하기가 힘들다고 여겨졌어요. 제작비, 제작 여건, 시간과 판권의 문제 등 여러 현실적인 제약들이 발목을 잡았습니다. 물론 마블의 '엑스맨' 시리즈가 존재하지만 '엑스맨'은 뮤턴트들의 이야기를 중심으로 한 집단 히어로의 이야기라 각각의 개별 히어로가 중심은 아니었습니다. 하지만 마블은 끝내 자신들의 코믹스 전략을 영화에 적용합니다. 그 기념비적인 첫 작품이 바로 〈아이언맨〉입니다. 이후 마블은 우직하게 〈인크레더블 헐크〉, 〈퍼스트 어벤져〉, 〈토르: 천둥의 신〉, 〈아이언맨 2〉를 연달아 개봉했습니다. 엄청난 시간과 자본과 큰 용기가 필요한 일이었겠죠.

〈아이언맨〉이 공전의 히트를 기록했지만 〈인크레더블 헐크〉, 〈토르: 천둥의 신〉과 같은 영화들은 기대에 미치지 못했습니다.

그럼에도 마블 스튜디오는 도박을 감행합니다. 각기 다른 영화에서 서사를 쌓게 한 아이언맨, 캡틴 아메리카, 헐크, 토르, 네 명의 주인공을 〈어벤져스〉라는 하나의 영화로 합친 것이죠. 각기 다른 네 영화가 하나의 이야기로 모여들었고, 다소 산만하고 위험할 수도 있었던 마블 스튜디오의 모험은 놀랍게도 엄청난 성공으로 이어집니다.

그중 〈어벤져스: 인피니티 워〉는 무려 20편이 넘는 마블의 이야기, 즉 '인피니티 사가(The Infinity Saga)'의 중심에 선 작품인 동시에 가장 비극적인 작품이기도 합니다. 사실 '영웅'과 '비극'은 떼려야 뗄 수 없는 존재입니다. 다만 다소 가볍고 유쾌한 분위기의 마블 히어로들은 비극과 꽤 거리가 멀어 보였어요. 그런 의미에서 〈어벤져스: 인피니티 워〉는 마블의 다른 어떤 영화들보다 비극적이고, 파격적이었습니다. 그런데 '비극' 하면 절대 빠질 수 없는 철학자가 있죠. 바로 아리스토텔레스입니다.

미토스는 비극의 영혼이다

아리스토텔레스의 철학을 짧게 요약하는 것은 거의 불가능한 일입니다. 영국의 논리학자이자 철학자인 버트런드 러셀은 《서양철학사》에서 아리스토텔레스의 학문 세계를 형이상학, 윤리학, 정치학, 자연학으로 나누어 탐구했습니다. 그럼에도 아리스토텔레스의 모든 것을 담지는 못했습니다. 그만큼 아리스토텔레스의 업적은 방대하고 그 지식의 총량 또한 쉽게 파악하기 어렵습니다. 아리스토텔레스는 철학뿐 아니라 예술과 문학에서도 역사에 영원히 남을 업적을 남겼습니다. 특히 비평을 하는 사람이 《시학》을 언급하지 않기는 어려운 일인데요. 여기서 아리스토텔레스의 《시학》을 살짝 들여다보도록 합시다.

예술이란 무엇일까요? 아리스토텔레스의 스승인 플라톤에게 예술이란 모방입니다. 이미 일어난 일, 즉 현상을 그대로 모방하는 것이죠. 그렇다면 현상은 무엇일까요? 현상은 곧 이데아의 모방입니다. 따라서 예술과 비극은 모방의 모방으로서 존재하는 하위의 개념입니다. 그래서 그의 예술론은 미메시스, 모방론이라 부릅니다.

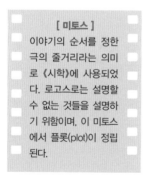

[미토스]
이야기의 순서를 정한 극의 줄거리라는 의미로 《시학》에 사용되었다. 로고스로는 설명할 수 없는 것들을 설명하기 위함이며, 이 미토스에서 플롯(plot)이 정립된다.

하지만 아리스토텔레스는 예술과 비극이 반드시 일어난 현상을 모방하는 것만은 아니라고 믿었습니다. 그는 비극을 '**미토스**(mythos)'라는 개념으로 설명합니다. 미토스는 이성적 원리와 진리를 뜻하는 로고스와는 다른 세계를 설명하기 위해 만든 언어로 신화, 이야기, 허구보다 더 많은 뉘앙스를 품고 있어요.

미메시스가 일어난 일, 현상을 모방하는 것이라면, 미토스는 아직 일어나지 않은 일, 현상 너머에 있는 일을 의미합니다. 일상적인 경험이나 개인의 자아, 시공간의 한계를 초월한 어떤 보편적인 개연성, 그것이 바로 미토스입니다. 그렇기에 플라톤과 아리스토텔레스는 전혀 다른 예술론을 펼치고 있어요. 미토스는 우리가 경험할 수 있는 것이 아닙니다. 미토스는 현실을 초월한 개념이기에 우리가 경험하지 못한, 존재하지 않는 허구의 세계에 대한 표현입니다.

다시 말해 플라톤의 모방론이 재현예술, 미술을 중심으로 세상을 바라보는 데에서 그쳤다면, 아리스토텔레스의 미토스는 표현예술, '음악'을 중심으로 펼쳐나갑니다. 음악은 언제나 표현예술의 선두에 있는 장르입니다. 이 세상에 존재하는 '음'의 체계적 나열과 변경, 조합을 통해 만들어내는 무한의 세계. 모방으로는 다다를 수도 설명할 수도 없는 지점이기도 합니다.

아리스토텔레스는 미토스의 구성 요소를 '발견', '급전', '파토스(pathos)'의 세 가지로 보았습니다. 발견은 깨달음으로서, 주인공이 진실을 발견하는 것을 의미합니다. 급전은 목표한 행동의 효과나 결과가 정반대로 나타나는 것을 의미하는데, 이를 표현하기 위해서는 반드시 개연성이나 필연성이 동반되어야 합니다. 파토스는 행위 그 자체를 의미합니다. 말하자면 비극을 자아내는 행동, 즉 살인이나 심한 고통, 파괴나 부상을 일으키는 행동입니다.

아리스토텔레스는 비극이 발견, 급전, 파토스를 통해 하나의 목적을 달성해야 한다고 보았습니다. 바로 연민과 두려움입니다. 관객에게 호감을 주는 데서 그치지 않고 연민이나 두려움을 줘야 하는 것이죠. 이때 연민이란 부당하게 불행을 겪은 사람을 보며 느끼는 것이고, 두려움이란 나와 비슷한 사람의 불행을 보며 느끼는 것입니다. 이 두 가지의 감정은 '공감'에 바탕을 두고 있어요. 연민과 두려움으로 압축된 정서적 공감과 감동이야말로 비극이 추구해야 하는 것입니다.

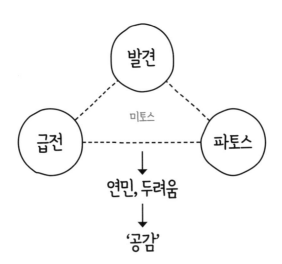

어벤져스: 인피니티 워×아리스토텔레스

아리스토텔레스가 정의한 비극, 그리고 비극의 1원리이자 비극의 영혼인 미토스를 설명하기 위해 자주 등장하는 영화들이 있습니다. 〈대부〉와 〈글래디에이터〉입니다. 두 작품 모두 비극적인 동시에 전형적이죠. 시대를 초월한 명작임에는 이견의 여지가 없지만 지금 다루기에는 오래된 작품인 것도 사실이에요. 우리는 변해가는 시대에 어울리는 작품을 분석해볼 필요가 있습니다. 그렇기 때문에 히어로들의 비극을 통해 아리스토텔레스가 말한 미토스의 구성 요소를 살펴보겠습니다.

아이언맨과 토르의 비극

──────── 아이언맨 토니 스타크는 언제나 악몽에 시달립니다. '어벤져스' 시리즈 첫 번째 영화에서 토니 스타크는 강력한 우주의 적과 맞서 자신을 희생할 각오까지 했어요. 핵무기를 둘러메고 우주 공간까지 나아간 토니 스타크는 거대 우주선을 보았고, 이후 우주의 적들이 지구를 언제 침공할지 모른다는 불안을 품게 됩니다. 즉 타노스와 그의 군대를 발견한 것이 그의 악몽을 초래한 것이죠. 토니 스타크는 그러한 악몽을 불식시키기 위해 슈트나 강력한 인공지능을 만드는 일에 골몰해요. 무수히 많은 슈트를 만들고 부수는 행위는 토니 스타크의 파토스죠.

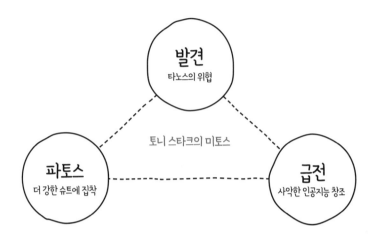

그리고 그 결과로 나타난 것이 바로 울트론입니다. 울트론은 토니 스타크가 만든 인공지능이지만 지구를 지키려는 토니 스타크의 의도와는 반대로, 지구를 멸망시키려는 의지를 지닌 사악한 인공지능으로 발전해버립니다. 타노스라는 존재를 '발견'한 토니의 행동이 울트론이라는 '급전'으로 이어진 겁니다.

이번에는 어벤져스의 또 다른 주요 멤버인 토르의 미토스를 살펴볼까요. 〈토르: 라그나로크〉에서 토르가 발견하는 것은 아스가르드에 도래할 멸망의 위기입니다. 아홉 왕국의 수호자이자 '만물의 아버지(Allfather)'라 불리는 위대한 오딘은 지구에서 죽음을 맞이하고, 그 결과 토르의 누이인 죽음의 여신 헬라가 풀려나요. 토르의 상징과도 같았던 망치, '묠니르'가 파괴되고 토르는 전형적인 영웅 서사의 주인공이 되어 이 문제의 해결 방법을 찾아내야 합니다. 아스가르드의 멸망, 즉 북유럽 신화에서 가장 중요한 사건인 '라그나로크'야말로 이 영화에서는 발견에 해당됩니다.

토르는 헬라의 위협을 막아내기 위해 수르트라는 존재를 풀어주고 아스가르드의 멸망을 감수하는 과감한 결단을 내립니다. '백성이 곧 아스가르드'라는 결론을 얻은 토르는 아스가르드의 주민들과 함께 새로운 세계에 정착해서 살아갈 계획이었어요. 그러나 아스가르드의 백성을 이끌고 우주선을 발진시킨 토르는 예기치 못하게 타노스의 군단을 만나게 됩니다. 〈어벤져스: 인피니티 워〉의 초반 도입부 장면에서 이미 토르는 타노스에게 패배한 상태입니다. 여기에서 토르는 동생 로키와 친구 헤임달을 잃었죠. 의도와는 다른 결과물, 즉 급전입니다. 이 와중에 로키는 헐크를 동원해 타노스를 막으려 했으나 실패하고 자신의 장기인 속임수로 타노스를 공격하지만 끝내 목숨을 잃고 말아요. 로키의 급전은 결국 사망으로 이어집니다.

〈토르: 라그나로크〉와 〈어벤져스: 인피니티 워〉의 도입부는 토르의 발견과 급전이었습니다. 그리고 전우와 형제, 그리고 백성 절반을 잃은 것에 대해 복수를 천명한 토르가 니다벨리르로 향해 최강의 무기 '스톰 브레이커'를 제작하기 위해 온갖 고난을 겪고 쓰러지는 과정은 토르의 파토스에 해당하죠. 그 고통과 좌절의 끝에서 토르는 비로소 새로운 힘을 얻습니다.

토르의 비극은 쉬이 끝나지 않습니다. 별의 힘을 응축한 무기 '스톰 브레이커'를 얻은 토르는 타노스와 재대결을 펼치지만, 또다시 급전을 맞이합니다. 끝내 치명적인 일격을 가했음에도 최악의 결과를 맞이한 토르는 술독에 빠진 폐인이 돼버리죠. 술에 의지해 자신을 버리고 게임에만 열중하는 토르의 고통은 또 한번의 파토스인 셈입니다.

승자에게도 패자에게도 비극적인

────────────── 그렇다면 어벤져스의 숙적 타노스는 어떤 존재일까요? 타노스는 우주의 질서를 위해 우주의 생명체를 절반으로 줄여야 한다는 신념을 지닌 위험한 존재입니다. 힘으로는 헐크나 토르를 능가하고, 지혜로는 토니 스타크나 닥터 스트레인지에 못지않을 정도죠. 휘하에는 우주를 호령하는 군대가 있으며, 부하들 역시 만만치 않아요. 힘, 영향력, 자신만의 철학, 지능, 위험도, 품격을 모두 갖고 있는 '인피니티 사가'의 가장 강력하고 가장 위험한 존재입니다.

히어로들 입장에서 보면 〈어벤져스: 인피니티 워〉는 패배의 서사 그 자체입니다. 히어로들은 제각기 타노스를 막기 위해 움직여요. 토니 스타크는 스파이더맨, 닥터 스트레인지, 가디언즈 오브 갤럭시와 연합해 타노스를 막기 위해 그의 고향 행성 타이탄으로 향하고, 캡틴 아메리카는 지구의 히어로들을 규합해서 '마인드 스톤'을 파괴하기 위해 와칸다로 향하죠.

영웅들은 각기 장엄한 자신들의 서사를 지녔고 초인적인 능력을 갖추었습니다. 하지만 영화에서 영웅들은 그러한 능력과 운명에도 불구하고 실패를 거듭해요. 타이탄 행성에서 어벤져스의 작전은 성공한 것처럼 보였습니다. 그들은 타노스를 성공적으로 몰아붙였으나 타노스가 동료 가모라를 살해했다는 걸 알게 된 퀼이 흥분하면서 영웅들의 작전은 결국 실패로 끝납니다.

이때 퀼의 실수에 주목해야 합니다. 아리스토텔레스에 따르면 미토스는 반드시 개연성과 필연성을 담보해야 하죠. 관객들이 퀼의 미토스에 몰입할 수 있었던 것도 〈가디언즈 오브 갤럭시〉를 통해 퀼의 성격은 물론 가모라와의 관계를 알고 있기 때문입니다. 퀼은 가모라를 사랑하고 있고, 무척 감정적인 인물이에요. 때문에 관객은 퀼의 행동에 조마조마함을 느끼면서도 그 행동 자체를 쉽게 비난할 수는 없습니다. 그의 행동은 최소한 개연성의 보호를 받기 때문이죠.

결국 절호의 기회를 놓친 어벤져스는 '타임 스톤'을 지키기 위해 항전하지만, 타노스의 초월적인 힘에는 미치지 못해 패배합니다. 한편 지구에서도 항전은 계속됩니다. 영웅들은 마지막까지 타노스에게 맞서지만 하나씩 무너지고, 난전 중에 타노스는 마침내 히어로 비전에게 다가갑니다. 그의 이마에 있는 '마인드 스톤'이야말로 타노스가 찾는 마지막 퍼즐이었죠.

여기에서 비전의 연인이자 초능력자인 '스칼렛 위치', 완다 막시모프는 비장한 결단을 내립니다. 타노스를 상대로 비전을 지키면서 싸울 수는 없다고 판단한 완다는 비전의 뜻에 따라 비전의 이마에 박힌 '마인드 스톤'을 제거하기로 결정한 것입니다. 그 결과 비전은 사망하겠지만, '인피니티 스톤'을 전부 모아 생명체의 절반을 소멸시키겠다는 타노스의 계획은 수포로 돌아갈 수 있겠죠. 시련, 슬픔, 비련과 파괴의 파토스입니다. 하지만 영화는 급전을 준비합니다.

타노스가 '타임 스톤'의 힘으로 비전의 시간만을 뒤로 돌려 '마인드 스톤'을 파괴하기 전의 상태를 만든 것입니다. 비전의 희생을 감수해 타노스의 계획을 좌절시키려던 완다의 행동은 타노스의 '타임 스톤'으로 인해 '마인드 스톤'을 빼앗기고 비전의 죽음을 다시 한번 지켜봐야 하는 절망, 즉 '급전'으로 이어지죠. 여기에서도 '타임 스톤'의 기능은 영화 〈닥터 스트레인지〉에서 소개되었고, 설정으로도 알려졌기에 급전의 개연성과 필연성이 갖춰진 상태입니다. 이제 '인피니티 스톤'을 건틀릿에 모두 모은 타노스는 핑거 스냅만으로 생명체의 절반을 소멸시킬 힘을 완성시킵니다. 더할 수 없이 비극적인 장면이 탄생한 것입니다. 아리스토텔레스의 말에 따르면 관객은 이러한 장면에서 연민과 두려움을 느끼게 됩니다.

급전은 영화의 마지막에도 나타납니다. 타노스에게 가족과 친구를 잃은 토르는 새로운 무기 '스톰 브레이커'를 얻어 더욱 강력해졌어요. 복수를 위해 강력한 힘으로 타노스를 공격했지만, 타노스의 목을 바로 노리지 않은 '실수' 탓에 타노스의 '핑거 스냅'에 당해버립니다. 건틀릿을 낀 타노스가 손가락을 튕기

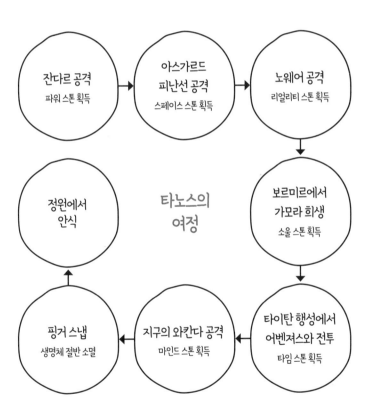

는 동시에 여섯 개의 인피니티 스톤이 권능을 발휘해 온 우주의 생명이 절반으로 줄어들게 됩니다. 결국 히어로들은 완벽히 실패하고 타노스는 자신의 뜻을 이룬 것이죠.

어떤 이들은 이 영화를 '타노스의 입장에서 바라본다면 승리의 이야기'라고 말하기도 합니다. 하지만 결코 그렇지 않아요. 이 이야기는 타노스의 입장에서 바라보더라도 비극적입니다. 타노스는 그 승리를 위해 많은 것들을 희생했기 때문입니다. 그는 사랑하는 딸을, 부하들을, 그리고 자신의 몸 절반을 대가로 목표를 성취했습니다. 엔딩에서 그의 모습이 쓸쓸하게 보이는 이유이기도 합니다.

아리스토텔레스가 말하는 작법의 우열

─────────── 아리스토텔레스는 늘 자신이 소개하는 작법에 우열을 가리곤 했습니다. 미토스의 구성 요소 중 하나인 '발견'도 세 가지 종류로 나누고 이에 대한 우열을 정했어요. 그 종류는 첫째, 증표에 의한 발견과 창작자의 조작으로 인한 발견, 둘째, 추리에 의한 발견 혹은 기억에 의한 발견, 셋째, 미토스 그 자체의 개연성으로 인한 발견으로 구분했습니다.

우선 아리스토텔레스는 증표나 창작자의 조작으로 인한 발견을 '시적이지 못하다'고 평가합니다. 예를 들어 주인공이 부모의 원수를 발견하는 이야기를 가정해볼까요. 만약 작품에서 '증표', 즉 주인공 가문의 문장이 '빛'인데 원수의 문장은 '어둠'이라서 그의 문장이나 표식, 문신 등을 보고 원수임을 알아챘다면 이는 시적이지 못합니다. 개연성이 부족한 것이죠. 마찬가지로 창작자가 인위적인 조작을 가해서 발견하게 하는 것도 좋지 못합니다. 창작자의 조작이란 계시나 속삭임 같은 인위적인 것입니다. 가문의 조상이 나타나 원수가 누구인지 알려주는 식이죠.

추리에 의한 발견이나 기억에 의한 발견은 그보다는 나은 것이라 말합니다. 예를 들어 '추리에 의한 발견'은 주인공이 다양한 단서들을 기반으로 부모의 원수가 누구인지 추리하는 과정을 보여주는 것이죠. 당시의 상황, 정황적 증거, 단서와 증언들을 종합해서 추리하고, 필연적으로 논리적인 과정이 뒤따라야 합니다.

'기억에 의한 발견'은 원수의 얼굴, 특징이나 증표, 비슷한 상황을 보고 기억이 떠오르는 것을 말합니다. 예를 들어 주인공이 원수의 얼굴을 기억하지 못하더라도 웃음소리는 기억하고 있어서, 원수가 웃는 순간 그가 원수임을 알아채거나, 부모가 살해당하는 순간 벌어진 상황과 비슷한 상황이 반복되어 어렴풋이 기억을 떠올리는 것 등이 여기에 해당합니다. 아리스토텔레스는 증표나 조작에 의한 발견보다는 기억에 의한 발견이, 기억에 의한 발견보다는 추론에 의한 발견이 낫다고 봅니다.

그러나 아리스토텔레스는 모든 발견 중에 '미토스 그 자체의 개연성'으로 인한 발견이 최선이라 보았습니다. 즉 사건이 진행되는 과정에서 자연스럽게 발견하게 되는 것이 가장 훌륭한 방법이라는 것이죠. 영화 〈트루먼 쇼〉를 예로 들어보겠습니다. 트루먼 버뱅크라는 사내는 태어날 때부터 24시간 동안 방영되는 리얼리티 쇼의 주인공입니다. 하지만 트루먼 본인은 그 사실을 알지 못하기에, 그가 '이 세계는 거짓'이라는 사실을 발견하는 것이 영화의 주된 이야기예요. 그리고 영화의 트루먼은 작가의 의도적 장치나, 추론 혹은 기억에 의존하지 않습니다. 사건이 진행되면서 트루먼은 점차 세계에 대한 의심을 품게 되고, 보다 많은 단서를 발견하게 되며, 결과적으로는 자신의 모든 것이 공개 방송되고 있었다는 진실을 발견하는 데까지 이어집니다. 이야기의 개연성이 발견으로 이끌고 있기에, 관객들은 이 이야기에 깊이 빠져들 수 있는 것이죠.

아리스토텔레스는 연민과 두려움을 산출하는 방법, 즉 미토스를 '멋지게' 만드는 방법도 세 가지로 소개했어요.

첫째, 주인공이 자신의 행위가 무엇인지 알면서도 끔찍한 일을 그대로 행하는 것.

둘째, 주인공이 자신의 행위가 무엇인지 모른 채 끔찍한 일을 그대로 행하는 것.

셋째, 주인공이 자신의 행위가 무엇인지 모른 채 실행하려다가, 실행 직전 진실을 알게 되는 것.

아리스토텔레스가 말하는 세 가지 '멋진 방식' 중 두 번째는 급전과 닮아 있습니다. 앞서 언급한 토니 스타크의 행위, 즉 울트론 사태를 만든 그의 행위가 여기에 해당하죠. 그리고 타노스는 첫 번째와 세 번째를 모두 행했습니다.

첫 번째는 타노스의 '핑거 스냅'입니다. 타노스는 자신의 행위가 무엇인지 알고 있습니다. 처음부터 그랬습니다. 타노스는 자신의 행위로 인해 우주가 슬픔에 잠길 것임을 알고 있습니다. 절반의 생명이 사라진다는 것은, 모든 존재들이 슬픔에 잠기고 생산력도 크게 줄어드는 재앙을 초래한다는 의미입니다. 하지만 타노스는 그러한 '끔찍한 일'을 알면서도 행하려고 합니다. 자신의 대의를 위해서죠. 영화는 타노스를 무척 품위 있으면서도 눈에 슬픔을 담은 존재로 그려냅니다. 이는 그를 더욱 비극적으로 만드는 요소이기도 해요. 그래서일까요? 타노스가 입버릇처럼 하는 대사가 있죠.

타노스　　　나는 필연적인 존재다.

우주의 질서를 위해 반드시 필요한 역할을 스스로 수행하겠다는 의지가 담긴 대사이기도 하지만, 한편으로는 자신의 행위가 가져올 끔찍한 결과를 감당하겠다는 뜻으로 들리기도 합니다.

이 '미토스를 멋지게 만드는 방식'에도 우열이 있어서 첫 번째보다는 마지막 세 번째 방식이 가장 좋습니다. 그렇다면 타노스는 언제 이 '멋진 방식'을 행할까요?

바로 '소울 스톤'을 얻기 위해 보르미르로 향할 때입니다. 레드 스컬의 인도를 받은 타노스는 수양딸 가모라와 함께 진실을 마주합니다. 가모라는 사실 진실을 알고 있었죠. '소울 스톤'을 얻기 위해서는 스톤의 시험, 바로 '사랑하는 사람을 희생시키는 것'을 해야 한다는 걸요. 그럼에도 가모라는 타노스가 사랑하는 사람은 없을 것이라 판단했기 때문에 그를 보르미르로 데려왔습니다. 하지만 반전, 아니 아리스토텔레스의 표현에 따르면 '급전'이 벌어집니다. 타노스는 진심으로 양녀인 가모라를 사랑했던 것입니다. 가모라에게는 타노스의 사랑이 가증스러운 위선으로 보이죠.

여기에서 타노스의 상태가 바로 세 번째 방식에 해당합니다. '소울 스톤'을 얻는 행위는 '끔찍한 행동'의 범주에 들어갑니다. 그 행동의 연장선상에 '모든 생명체의 절반의 죽음'이라는 결과가 이어지기 때문입니다. 그리고 '끔찍한 행동'을 하기 바로 직전에 진실을 알게 됩니다. 사랑하는 가모라를 죽여야 한다는 것. 타노스는 결국 가모라를 죽입니다. 가모라를 지지하던 관객에게는 허탈함을, 타노스의 입장에서 바라보던 관객에게는 놀라움을 선물하는 장면이기도 합니다.

영화의 결말에서 토니 스타크는 가루가 되어 흩날린 '스파이더맨' 피터 파커의 유해를 안고 괴로워합니다. 타노스는 과업을 끝마치고 외딴 행성에서 휴식을 취하죠. 히어로와 빌런의 희비가 엇갈렸지만, 무엇보다도 비극적인 것은 거기엔 온전한 승리자가 없다는 점입니다. 양측이 모두 상처 입은 이 이야기는 결국 〈어벤져스: 엔드게임〉에 이르러 새로운 형태의 비극으로 연주됩니다.

비극, 이토록
황홀한 해방

아리스토텔레스가 말한 '비극'은 뚜렷한 플롯이 존재하는, 미토스의 극치입니다. 하지만 아리스토텔레스가 설명하지 않고 넘어간 것이 있죠. '우리는 왜 비극에 끌릴까?'라는 질문에 대한 답입니다.

우리가 비극에 끌리는 이유는 무엇일까요? 우리가 이토록 영웅들의 이야기에 몰입하고 그들의 영웅적인 모습과 실패를 가슴에 담아두게 되는 이유는 무엇일까요? 그 핵심은 바로 '공감'에 있습니다. 우리는 등장인물들이 정신적, 육체적 고난을 겪고 고통받는 장면을 보며 그들에게 공감하고 그들의 서사에 빠져들게 됩니다. 고통과 좌절은 우리에게도 익숙하기 때문입니다.

예를 들어 이 책을 읽는 당신은 매순간 혹은 매일이 행복한가요? 안타깝게도 그렇지는 않을 것입니다. 우리는 종종 행복과 평화와 만족을 느끼곤 하지만, 또 그만큼의 무게로 삶은 고단하고 힘듭니다. 쇼펜하우어나 후대의 생철학자들은 삶이 곧 고통이라고 말한 바 있어요. 인간은 육신을 지닌 불완전한 존재이며, 우리는 현실에서 늘 힘들고 버거운 상황에 직면하게 되죠. 우리는 우리의 삶을, 시간을, 육신을 온전하게 지배하지 못합니다. 평화와 안락과 행복을 향한 우리의 바람은 언제나 생활 속에서 좌절되고 맙니다. 그렇게 보면 우리의 삶은 곧 비극인 셈입니다.

그렇기에 우리는 영웅들의 서사에 빠져듭니다. 현실에서는 도저히 풀어낼 기회가 없는 가슴의 응어리를, 영화 속의 주인공들이 그들의 고통과 고난 그리고 비극의 상황에서 풀려날 때, 해방될 때 함께 **카타르시스**(Katharsis)'를 느끼며 풀어내는 것이죠. 따라서 카타르시스야말로 비극의 진면목이 됩니다.

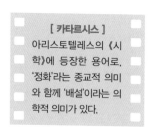

[카타르시스]
아리스토텔레스의 《시학》에 등장한 용어로, '정화'라는 종교적 의미와 함께 '배설'이라는 의학적 의미가 있다.

비극은 등장인물인 영웅의 고난과 역경을 통해 우리에게 공감의 기회를 제공하고, 끝내 황홀한 해방과 이성을 초월한 자유를 느끼게 합니다. 〈어벤져스: 인피니티 워〉의 내용과 엔딩이 많은 이들의 가슴속에 남아 있는 이유가 아닐까요. 재가 된 피터 파커 앞에서 눈물을 흘리는 토니 스타크와 자신의 여생을 마치기 위해 한적한 행성에 우두커니 앉아 태양을 응시하는 타노스의 모습에서 느끼는 그 복잡 미묘한 감정. 그것이야말로 우리가 비극을 사랑하는 이유일 것입니다.

관객들에게 충격을 준
'실패의 서사'

〈어벤져스〉 시리즈 중에서 가장 평가가 높은 작품이 바로 〈어벤져스: 인피니티 워〉일 것이다. 이렇게 이 영화의 인기가 높은 이유는 무엇일까?

물론 비극이 주는 카타르시스도 중요한 이유겠지만 최강의 빌런 타노스 역시 제대로 한몫했다. 원작 코믹스에서는 '매드 타이탄'이라는 별명의 강력한 존재로, 영화에서는 '대업'을 이루기 위해 모든 것을 희생하는 커다란 존재로 등장하는 타노스. 무섭도록 치밀하고 목표를 달성하는 데에 거침이 없으며, 필요하다면 자신을 버릴 줄도 아는 아주 매력적인 캐릭터다. 비록 빌런이지만 목표를 향한 그의 전진을 보고 있으면 경외심이 들 정도다. 반면에 어벤져스 멤버들은 계속 실패한다. 평범한 히어로 영화, 박진감 넘치는 액션과 승리의 드라마를 보러 온 관객들에게 〈어벤져스: 인피니티 워〉는 충격 그 자체였다.

영화에서는 아이언맨, 토르뿐만 아니라 다른 히어로 역시 계속 실패한다. 우선 브루스 배너, 헐크의 실패가 눈에 들어온다. 헐크의 입장에서 다른 누군가에게 힘으로 일방적으로 패배하는 경험은 처음이었을 것이다. 이에 헐크는 브루스의 안으로 숨고, 브루스는 끝까지 헐크를 다시 불러내지 못한다. 어벤져스의 가장 강한 힘을 잃어버린 것이다.

와칸다에서의 전투 역시 압권이었다. '블랙 팬서', 트찰라는 와칸다에서 모을 수 있는 모든 전력을 모은다. 와칸다의 국왕으로서 모든 것을 다 동원해 타노스의 군대에 맞섰지만 역부족이었다. 이때 당한 충격 때문인지 다음 편인 〈어벤져스: 엔드게임〉에서는 와칸다 측 인물의 활약이 없다.

타노스가 노리는 마인드 스톤을 가진 히어로, 비전을 마지막까지 지킨 것은 '스칼렛 위치'인 완다 막시모프였다. 완다는 굉장히 강력한 초능력자인데, 이 작품에서는 유독 약한 모습을 보인다. 비전을 지켜야 한다는 일념, 그리고 타노스를 막기 위해서 비전을 희생시켜야 한다는 절체절명의 상황이 그녀를 더욱 어려지게 만들었다. 그럼에도 완다는 비전을 향한 사랑과 믿음, 그리고 인류를 지키겠다는 사명감을 발휘해 비전의 마인드 스톤을 파괴한다. 완다가 그동안 '신뢰하기 힘든 미성년자'의 캐릭터를 지녔던 걸 생각해보면, 그녀의 성장이 돋보이는 장면이다. 그러나 타노스는 그런 완다의 결심을 비웃기라도 하듯 시간을 되돌리고, 완다의 사랑과 희생마저 실패한다. 절대로 타임 스톤을 넘기지 않겠다던 닥터 스트레인지는 1,400만 개가 넘는 미래를 보고 난 후, 타임 스톤을 타노스에게 넘겼다. 타노스를 쓰러뜨리기 위해서는 우선 실패할 수밖에 없다는 걸 깨달았기 때문이다.

실패의 서사는 강렬한 인상을 남긴다. 영화가 끝나고, 살아남은 어벤져스 멤버들과 희생되어 가루로 흩날리는 인물들 사이에서 관객들은 이루 말할 수 없는 감정에 휩싸였을 것이다. 그리고 이는 <어벤져스: 엔드게임>의 성공에 밑거름이 된다. 이러한 실패가 있었기에, 어벤져스는 5년 후의 미래에서 그 실패를 만회할 기회를 얻게 된 것이다. 중요한 건 실패 그 자체에 있는 게 아니라, 실패 그다음을 어떻게 만들어 가느냐에 있는 게 아닐까.

아리스토텔레스 Aristoteles, B.C.384~B.C.322
정복왕 알렉산더 대왕의 스승

아리스토텔레스는 아테네에 있는 플라톤의 아카데메이아에 입학하여 플라톤의 제자로서 공부를 시작했다. 이후 제자인 알렉산더 대왕이 페르시아 원정을 떠날 때, 아리스토텔레스는 그를 따라 아테네로 돌아와 아폴론 신전 근처 리케이온에 자신의 학교를 설립한다. 그 학교는 리케움이라 불렸고, 아리스토텔레스의 철학 체계는 '소요철학'으로 불렸다. 그가 늘 녹음이 우거진 '소요로'를 거닐며 강의를 했기 때문이다. 여기에서 스승인 플라톤과의 차이가 두드러졌다. 플라톤의 아카데메이아는 이성적인 과학, 수학, 천문학에 중점을 두었다면 아리스토텔레스는 보다 경험적인 과학에 중점을 두고 강의했다.

그는 자연학에서는 세계가 흙, 물, 공기, 불 등의 4원소로 이루어졌다는 4원소설을 확립했다. 그러면서 플라톤의 세계를 받아들여 영원히 변하지 않는 천상의 세계를 설명하기 위해 제5원소의 존재를 수긍한다. 제5원소가 필요한 이유는 아리스토텔레스가 4원소의 질적 변화를 긍정했기 때문이다. 예를 들어 얼음은 물이 되고, 물은 수증기가 된다. 그러나 그의 눈에도 변하지 않는 것이 있다. 바로 천상의 움직임이다. 영원불멸하는 것, 지상의 원소와는 달리 변하지 않는 천상의 원소. 그것이 바로 제5원소인 에테르다. 아리스토텔레스에 따르면 천상의 세계는 제5원소로 구성되어 있다고 한다. 제5원소 에테르는 후대에까지 많은 영향을 주었다. 지상의 4원소는 4대 정령과 연결되며 무수히 많은 판타지 작품들에 영향을 미쳤고, 천상의 제5원소는 연금술은 물론 〈제5원소〉 등 영화의 창작에도 큰 영향을 미쳤다.

어벤져스: 인피니티 워×아리스토텔레스

Chapter 2

복제품은
이데아에
다가갈 수 있을까

블레이드 러너

×

플라톤

블레이드 러너
Blade Runner

감독 리들리 스콧 **개봉** 1982년

21세기 초, 인류는 인조인간 '리플리컨트'를 만들어낸다. 리플리컨트는 인간을 넘어서는 신체 능력과 인간과 대등한 지능을 갖췄다. 인류는 리플리컨트를 전쟁터나 우주 개발, 혹은 성노리개 등의 노예로만 활용해왔다. 리플리컨트는 4년 정도가 지나면 점차 인간의 감정을 지니게 되면서 반항하게 되는데, 이걸 방지하기 위해 이들의 수명은 강제적으로 4년으로 설정된다. 또 반란을 막기 위해 지구에 거주하는 것이 금지되었는데, 불법적으로 지구에 들어온 리플리컨트를 찾아내 '폐기'하기 위한 특수 경찰 팀이 바로 블레이드 러너다. 은퇴한 블레이드 러너 릭 데커드는 신형 리플리컨트 모델 '넥서스 6'들을 찾아내 폐기하라는 임무로 강제 복직하게 되는데….

영화계에는 '저주받은 걸작'이라는 말이 있습니다. 웃어야 할지 울어야 할지 모를 이 묘한 수식어를 단 작품들은 어떤 작품일까요? 우선 '걸작'이라는 표현에서 알 수 있듯이 뛰어난 작품성을 바탕에 깔고 있어요. 분명 훌륭한 작품이라는 뜻이죠. 하지만 개봉 당시에는 마치 '저주'라도 받은 것처럼 흥행에 실패하고 제대로 가치를 인정받지 못했다가, 뒤늦게 재평가된 작품들을 말합니다.

대표적으로 마이클 치미노의 1980년작 〈천국의 문〉, 왕가위의 1990년작 〈아비정전〉 등이 있고 한국에도 저주받은 걸작으로 유명한 〈지구를 지켜라!〉가 있습니다. 2003년에 나온 이 작품은 장준환 감독에게 '천재'라는 수식어를 선물한 영화지만, 국내 관객이 고작 7만 3,000여 명에 머물렀다고 하니 참 아리송한 일이 아닐 수 없습니다.

이 '저주받은 걸작' 중에서도 가장 먼저 떠오르고, 반드시 언급해야 하는 작품이 있습니다. 바로 리들리 스콧의 〈블레이드 러너〉입니다.

재평가된
저주받은 걸작

──────────── 〈블레이드 러너〉는 그야말로 '저주받은 걸
작'의 대표 격인 작품이죠. 역사상 최고의 SF 영화라 칭송되면
서 한편으로는 '저주받은'이라는 수식어가 따라다니는 것만 봐
도 이 영화가 걸어온 가시밭길을 어렴풋이 상상할 수 있어요.

1982년, 세상에 모습을 드러낸 이 영화는 흥행 면에서도, 비
평 면에서도 좋은 성적을 얻지 못했습니다. 다소 난해한 스토리
는 혹평의 대상이었죠. 그리고 감독인 리들리 스콧의 명성에 어
울리지 않게 아카데미 시상식에서 미술과 시각효과 두 개 부문
후보에 오르는 것에 그쳤으며, 수상에도 실패했어요.

이 영화가 재평가를 받게 된 데에는 '비디오테이프'의 역할이
컸습니다. 〈블레이드 러너〉는 전개가 난해하고 지루하고 느린
대신 화면 구성에 있어서는 엄청나게 많은 정보를 함축하고 있
었어요. 화면에 많은 영상 정보들을 중첩시키는 방식을 사용해
장면마다 다양한 정보를 넣어둔 것입니다. 예를 들어 주인공이
길을 걸어가는 장면 하나에도 무수히 많은 물건들, 내리는 비,
네온사인, 물건들에 적인 글귀, 사고난 차량이 화면을 가득 메
우는 겁니다. 이러한 특징 때문에 한 번의 관람으로는 파악하지
못한 이 영화의 의미, 깊이, 매력을 비디오테이프로 반복해서
보고, 프레임을 멈춰 보면서 비로소 진가를 알게 되었죠.

디스토피아의
안드로이드

───────── 영화의 배경은 2019년의 미래, 로스앤젤레스입니다. 영화 속 2019년의 로스앤젤레스는 디스토피아의 세계입니다. 자본주의는 더욱 강화되어 가진 자와 가지지 못한 자의 격차가 어마어마하게 벌어졌죠. 하층민들은 바닥에서 살아가고, 하늘에서는 산성비가 내립니다. 매일같이 내리는 비로 인해 하층민들이 살아가는 곳은 언제나 어둡고 축축합니다. 반면 가진 자들은 구름 위에 궁전을 지어놓고 살거나, 그곳을 떠나버리죠. 계급 구도가 더욱 공고해진 암울한 미래의 모습은 거의 공포에 가깝습니다.

사실 이 영화는 원작이 따로 있습니다. 필립 K. 딕의 소설《안드로이드는 전기양의 꿈을 꾸는가?》를 영화화한 것이죠. 소설과 영화 속에는 안드로이드가 나오는데, 인간과 아주 유사하게 만든 복제품인 이들은 '리플리컨트(Replicant)'라 불립니다. 유전학적으로 만들어진 이 인조인간은 인간과 거의 동등하거나 그 이상의 지능과 신체 능력을 지녔어요.

그러던 어느 날 자신들의 처지에 불만을 품은 리플리컨트들이 폭동을 일으키고, 그 사건 후 리플리컨트들은 지구에 거주할 수 없게 됩니다. 그러나 수명을 늘리고 싶었던 몇몇 리플리컨트가 지구에 몰래 들어와요. 잠입한 리플리컨트를 위험 요소로 간

복제품은 이데아에 다가갈 수 있을까

주해 추적해서 '폐기'하는 전문 경찰까지 생겨나는데, 그들이 바로 '블레이드 러너'입니다.

리플리컨트의 겉모습은 인간과 완전히 똑같아 구분이 어렵습니다. 때문에 일종의 '공감능력 테스트'인 '보이트 캄프 테스트'를 통해 인간과 리플리컨트를 구분합니다. 인간은 감정과 경험을 지니고 있고 그것이 감정이입 능력, 즉 '인간성'을 만들어 내죠. 반면 리플리컨트는 특성상 태어난 지 4년이 채 되지 않았고 감정이 생긴 지도 얼마 되지 않은 경우가 많아서 감정이입이나 공감능력, 연민과 동정의 능력이 떨어집니다. 그래서 질문을 던지고 그들의 동공이 어떻게 반응하는지 살피며 인간인지를 판별하는 것입니다.

영화에서 홀든이라는 인물이 레온이라는 리플리컨트에게 보이트 캄프 테스트를 하는 장면을 볼까요. 홀든이 "당신이 사막에 있어. 모래 위를 걷고 있는데 갑자기…"라고 질문을 시작하니, 당혹감을 느낀 레온은 "어느 사막이죠?" 하고 공격적으로 되묻습니다.

그냥 가정이라고 대답한 홀든이 이어서 사막에서 뒤집어져 뜨거운 햇볕에 익어가는 자라를 도울 것인지를 묻는데 레온은 상황을 이해 못하고 혼란스러워합니다. 홀든은 이러한 레온의 반응을 보고 그가 인간이 아님을 알아채죠. 보이트 캄프 테스트는 질문에 대답하는 과정에서 동공 수축 반응이나 거짓말을 하는 경우에 존재하는 미묘한 시간 차이를 통해 진실과 거짓을 간파합니다.

무엇이 인간을 인간답게 하는가

──────── 〈블레이드 러너〉의 세계에서는 리플리컨트를 '인형'이라고 묘사합니다. 완벽히 인간에 가깝지만, 영혼이 없는 인형 같은 존재로 인식되죠. 인간과 리플리컨트를 구분하는 것은 결국 '영혼'의 여부입니다. 리플리컨트들은 감정과 영혼이 없습니다. 플라톤 식대로 이야기하자면 이들은 육체만으로 구성된 복제품에 불과합니다. 인간이라는 **이데아**(Idea), 영원불멸의 영혼을 지닌 존재의 겉모습만을 흉내 내어 만든 복제품, 시뮬라크르(Simulacre)이죠.

하지만 여러 사람을 살해하고 지구에 숨어든 신형 리플리컨트 '넥서스 6' 버전의 여섯 리플리컨트는 인간이 되길 원했고, 주인공 데커드는 그들을 추적하며 많은 일을 겪습니다. 데커드를 가장 크게 당혹스럽게 만드는 리플리컨트인 레

[이데아]
플라톤의 철학에서 설명하는 초월적인 실재. 이데아는 오직 관념, 즉 지(知)를 통해서만 포착할 수 있다. 근대 이후 이데아는 점차 관념적인 세계를 뜻하는 말로 사용되곤 했다.

이첼이 등장하며 영화는 새로운 질문을 던지기 시작합니다. 리플리컨트를 제작하는 회사인 타이렐이 내세우는 모토는 '인간보다 더 인간답게'입니다. 그리고 레이첼은 타이렐 박사의 조카의 기억을 이식한 새로운 타입의 리플리컨트입니다. 스스로가 인간이라 생각하고 그렇게 반응하죠. 만약 영혼이 기억이나 감정이라면…. 기억, 경험, 감정이 인간성을 만들어내는 거라면…. 레이첼은 인간의 영혼을 이식받은 것이라고 볼 수도 있지 않을까요? 인간성을 이식받은 새로운 형태의 인간 말이죠.

데커드는 레이첼이 리플리컨트라는 것을 판별하기 위해 무려 100여 개나 되는 질문을 던져야만 했습니다. 특히 레이첼이 담배 연기를 뿜으며 데커드에게 대응하는 모습은 이 영화에서 가장 인상적인 장면입니다. "당신이 잡지에서 여성의 누드 사진을 본다면?"이라는 질문에 레이첼은 이렇게 응수합니다. "데커드 씨, 당신은 내가 리플리컨트인지를 테스트하는 건가요, 아니면 레즈비언인지를 테스트하는 건가요?"

결국 데커드는 100개가 넘는 질문 끝에 "연극을 보고 있는데 만찬 장면에서 손님들이 애피타이저로 생굴을 맛있게 먹고는 삶은 개고기를 먹는다면?" 같은 끔찍하고도 긴 질문을 하기에 이릅니다.

이때 레이첼은 인간치고는 미약한 반응을 보이고, 이 대목에서 데커드는 레이첼을 리플리컨트라 확신합니다. 이식된 조카

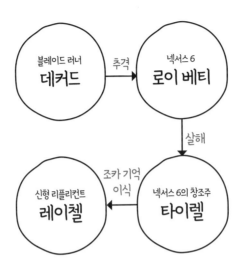

의 기억으로는 서양인에게 혐오스러운 음식이 애피타이저로
나오는 것이 상상하거나 대응하기 어려운 상황이었기에, 레이
첼은 제대로 감정이입을 하지 못했던 것이죠.

　데커드는 질문을 던져서 지구에 잠입한 리플리컨트를 찾아내
고 사살합니다. 그런데 영화를 계속 보다 보면 묘한 감정을 느
끼게 됩니다. 데커드가 죽인 것이 정녕 인형 같은 존재, 인조인
간일까요? 데커드가 사살한 리플리컨트들은 죽음 앞에서 공포
를 느끼고, 도망치고, 고통을 느끼며 처절하게 죽어갑니다. 그리
고 영화는 우리에게 질문을 던집니다.

　보이트 캄프 테스트의 질문들이 과연 인간성을 판단하기에
합당한 것일까? 지나치게 폭력적인 것은 아닐까? 데커드가 살

해한 것은 비무장한 여성일까, 위험천만한 리플리컨트일까? 혐오의 감정이나 공감능력에 있어서는 인간도 저마다 차이가 납니다. 그렇다면 리플리컨트가 보이는 미세한 차이는 어떻게 봐야 할까요? 공감능력이 부족한 인간은 인간이 아니게 되는 것일까요? 그리고 공감능력이 인간을 인간이게 만드는 가장 결정적인 요소일까요?

'무엇이 인간인가?'라는 이 질문에 답한 철학자가 있습니다. 바로 소크라테스의 제자이자 아리스토텔레스의 스승인 플라톤입니다. 플라톤이 그린 이상적인 세계와 인간에 대한 인식은 다양한 영화로 대중에게 다가왔고, 또 소비되고 있죠.

플라톤이 말하는 '인간이란 무엇인가'

─────────── 플라톤이 바라보는 인간은 세 가지 덕으로 구성된 존재입니다. 지혜, 용기, 절제가 바로 그것이죠. 플라톤은 인간은 욕망을 다스릴 줄 알아야 한다고 믿었습니다. 절제의 덕을 가진 자는 생산 계급이 되고, 용기를 가진 자는 군인 계급이 되고, 지혜를 가진 자는 수호자 계급, 즉 지배 계급이 됩니다. 여기서 지혜와 함께 정치적으로 올바른 견해를 가진 자가 지배하는 세계, 이른바 **'철인정치'**의 윤곽이 드러나죠.

플라톤은 인간을 아주 간단히 분류했습니다. 마치 곤충을 머리, 가슴, 배로 구분하듯 단순하고 직관적인 분류예요. 지혜는 머리에서, 용기는 가슴에서, 절제는 배에서 나온다는 것이죠. 그렇다면 인간은 머리, 가슴, 배로 이뤄진 존재란 말일까요? 플라톤은 여기에서 영혼의 존재를 말합니다.

플라톤에 따르면 영혼은 인간이 형태를 지니기 전부터 어디에선가 왔으며, 불멸의 것입니다. 그리고 인간은 영혼과 육체가 분리된 존재예요. 그의 저서를 살짝 들여다보면 인간의 이원성을 주장하는 플라톤의 독특한 시선이 드러납니다.

전혀 교육을 받지 못한 젊은이에게 기하학 문제인 '주어진 사각형의 두 배의 면적을 지닌 사각형을 그리라'고 했다면 질문을 받은 젊은이는 답에 도달하기 위해 질문자에게 또 다른 질문을 할 테고, 종국에는 그 젊은이도 올바른 답에 도달할 수 있게 된다.

_《파이돈》

새로 지식을 배워서 알게 되는 게 아니라 아니라 문답을 통해, 즉 '질문'이라는 수단을 통해 스스로 답을 도출해내게 되는 것이죠. 이렇게 인간은 이미 모든 답을 알고 있는 존재입니다. 단지 그 답을 꺼내기 위해서 문답이 필요할 뿐이죠. 플라톤은 영혼이 완전한 존재이기에 이런 일이 가능하다고 말합니다. '영혼 불사설'이 바로 여기에서 나옵니다. 플라톤에 의하면 영혼은 불멸하는 것이고 완전한 것입니다. 우리는 태어나기 전부터 이미 영혼에 새겨진 답을 알고 있었던 겁니다. 그리고 영혼은 '어디에선가' 육체로 깃들었습니다. 즉 인간은 이미 답을 내재한 존재죠. 태어날 때부터 선천적으로 지니고 있는 관념, 데카르트는 이걸 '본유관념'이라고 부르기도 했습니다.

플라톤은 아테네 교외에 '아카데메이아'를 짓고 입구에 "기하학을 모르는 자는 이 문을 들어서지 말라"는 문구와 "변천해가는 생성의 세계에서 영원한 참실재(眞實在)의 세계로 영혼을 눈뜨게 하는 곳"이라는 문구를 적었다고 합니다.

여기서 '변천해가는 생성의 세계'와 '영원한 참실재'는 플라톤의 철학을 이해하는 데 있어 가장 중요한 문장입니다. '영혼을 눈뜨게 한다'는 것은 앞서 말했듯 영혼의 불멸, 완전성을 뜻

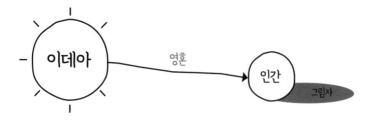

하는 말이에요. 영혼을 눈뜨게 하면 '참실재'를 알 수 있습니다. 참실재는 '이데아'를 일컫고, 이데아는 곧 진리입니다. 즉 물으면, 알 수 있다는 뜻이죠.

플라톤의 이데아, 영혼이 돌아갈 고향

동굴 속에 갇혀 살고 있는 사람들이 있다. 그 동굴에는 긴 입구가 하늘 쪽으로 나 있는데, 그 속에서 사람들은 어려서부터 안쪽 벽면만을 처다보고 살았기 때문에 동굴 입구 쪽인 위쪽은 처다볼 생각을 하지 않았다. 그러므로 동굴 바깥세상에서 움직이는 사람이나 동물들의 그림자만이 동굴 안쪽 벽면에 비치고 있었다. 그래서 그들은 동굴 밖의 동물이나 인간 본래의 존재는 알지 못하고 벽면에 비친 그림자가 사물의 본체인 것으로 잘못 알게 된다. 만약 우리가 그 동굴 속에 갇혀 살고 있는 사람들을 해방시켜서 바깥세상에 있는 사물의 본체를 보여준다고 하더라도 그들은 너무도 강렬한 빛 때문에 눈이 부셔 자꾸만 과거의 그 그림자가 진실이라고 생각하고는 바깥세상을 오히려 외면할 것이다.   《국가》

이데아는 본질이고 원형입니다. 참실재이며 불멸하는 존재죠. 그것은 상대적이지 않고 절대적입니다. 말하자면 기하학자는 '사각형의 이데아'를 알고 있습니다. 관념 속에서 말입니다. 그걸 종이 위에 그리는 것은 그림자에 불과합니다. 그렇게 플라톤이 바라보는 세상은 '모방'된 것입니다. 우리가 살아가는 실재의 세계는 동굴의 그림자에 불과하고, 우리는 **물자체**(物自體)'를 바라보지 못합니다. 이데아의 사각형이야말로 '물자체'이죠.

우리가 살아가는 현실은 이데아의 모방에 불과하지만, 그 안에 이데아가 담겨 있습니다. 즉 우리가 어떤 아름다운 것을 보았을 때, 그 아름다움에는 '아름다움의 이데아'가 담겨 있기에 우리는 아름다움을 느끼는 것입니다. 물론 표면적 실체는 그 자체로 불완전하며 상대적인 속성을 지니고 있습니다. 그렇기에 어떤 이들은 그 사물의 표면에서 아름다움을 읽지 못하고 추하다는 판단을 내릴 수도 있어요. 다만 그 안에 내포된 '아름다움의 이데아'는 그런 상대성 없이 절대적입니다. 아름다움, 그 자체이기 때문입니다.

그렇다면 이데아는 관념의 세계일까요? 이 질문에 대해 부정할 수

> **[물자체]**
> '물(物)'이라는 현상의 궁극적 원인이 되는 본체. 칸트는 인간의 인식은 현상에 머무르며, 물자체는 인식할 수 없는 것으로 보았다. '자유', '신', '영혼'과 같은 존재를 가리키기도 한다.

는 없습니다. 플라톤은 이데아라는 관념의 세계를 완전한 것으로 상정하고, 그 이데아에 다가가는 것을 목표로 했습니다. 그것은 예술에 있어서도 마찬가지입니다. 플라톤의 사고 체계에서 이 세상은 '이데아의 모방'입니다. 그리고 예술, 예컨대 그림을 그리는 일은 '모방된 세계에 대한 모사'에 불과합니다. 때문에 플라톤에게 예술 작품이란 이데아를 모방한 현실을 다시 한번 모방한, 다운그레이드된 버전에 지나지 않는 거죠. 그래서 현상, 즉 드러난 표면을 그리는 것은 플라톤에게 큰 의미를 지니지 않는 일이었습니다.

다소 종교적이기는 하지만 플라톤에게 관념의 세계, 즉 이데아의 세계는 언젠가 영혼이 돌아갈 고향이기도 했어요. 우리는 육체 속에서 철학을 통해, 기하학과 사랑을 통해 참실재에 대해 알아가게 되고, 이렇게 이데아를 알게 된 영혼은 정화되어 언젠가는 육체를 떠나 영혼의 세계로 갑니다. 그렇다면 우리의 육체는 영혼이 깃드는 그릇 같은 것인지도 모르겠습니다.

원본과 복제품은 무엇으로 구분되는가

———————————— 인간은 관념적인 존재일까요? 관념은 육체보다 앞서는 것일까요? 현상과 본질 중에서 현상은 중요치

않고 본질만이 중요할까요? 헤르만 헤세는 《데미안》에서 "새는 알을 깨고 나온다. 알은 곧 세계다. 새는 신에게로 날아간다. 신의 이름은 아브락사스다"라고 말했습니다. 그렇다면 알을 이루는 껍데기는 현상에 불과할까요? 깨야 할 세계인 걸까요? 시인 신동엽은 '껍데기는 가라'에서 외쳤습니다.

껍데기는 가라 / 사월도 알맹이만 남고 / 껍데기는 가라 / 껍데기는 가라 / 동학년 곰나루의, 그 아우성만 남고 / 껍데기는 가라

말하자면 알맹이는 본질이고, 껍데기는 현상입니다. 현상보다는 본질이 우선한다는 것이 고대의 인식입니다. 리플리컨트보다 인간이 더 우선하는 것이죠. 하지만 현대에는 그러한 인식이 부정되고 있습니다. 껍데기는 가야 하는 것이 아니라 꼭 와야 하는 것입니다. 껍데기는 중요합니다. 그렇다면 알맹이보다 중요할까요? 아니, 꼭 알맹이만큼만 중요합니다. 이유는 단순 명료합니다. 껍데기가 없으면 알맹이도 형태를 유지할 수 없기 때문이죠.

누군가는 '알맹이의 이데아'를 언급할지도 모르겠지만, 이데아가 본질이고 표면에 드러난 실체가 곧 현상이라는 이원론은 변하지 않습니다. 핵심은 이데아, 본질, 관념이 현상보다 우선한다는 오래된 인식에 있습니다.

여기서 원본과 복제품을 논할 수 있습니다. 플라톤에게 우리가 살고 있는 이 세계는 복제품, 즉 시뮬라크르입니다. 이런 플라톤의 인식은 영혼이 가는 세계, 즉 절대적 진리의 세계를 긍정하는 데에서 비롯되지만, 질 들뢰즈와 같은 현대 철학자들은 원본과 복제품의 차이를 부정해요. 원본과 복제품 중 어느 것도 원본이 될 수 없고 복제품도 될 수 없다는 것이죠. 이에 따르면 인간과 리플리컨트 중 우선순위는 없습니다. 이러한 인식은 원본 자체가 의미 없다는, 즉 플라톤의 구분이 무의미하다는 결론에 이르게 됩니다. 다시 말해 '객관적 진리', '보편타당한 진리'에 대한 회의로 이어지는 것이죠.

한편 장 보드리야르와 같은 철학자는 '이데아', 즉 원본 자체의 상실에 대해 이야기합니다. 복제품, 즉 시뮬라크르만 남고 원본은 사라진 것이 현대사회라는 것입니다. 그렇다면 '참실재'는 이데아가 아니라 표면일 수 있습니다. 표면만이 실재하기 때문이죠. 원본과 복제품의 차이가 없어지고, 복제품이 원본을 대신하는 세상이 바로 우리가 살아가는 현대사회입니다. 진리, 진실, 진심… 이런 것들은 우리가 영영 도달할 수 없는 영역이 됩니다. 아니, 정확히 말해서 의미를 지니지 않습니다. 누가 인간이고 누가 리플리컨트인지 따지는 질문도 의미가 없는 것이죠.

포스트모더니즘은 계속해서 '원본의 상실'과 그 의미에 대해서 묻습니다. 같은 패턴이 반복되는 앤디 워홀의 '메릴린 먼로'(1967) 같은 작품을 보면 알 수 있듯 현대사회에서 예술은 확대, 복제, 재생산되는 이미지일 뿐입니다. 이미지, 복제만 남고 원본은 사라집니다. 그렇게 현대 철학에서 플라톤의 이데아는 갈 곳을 잃고 말았습니다. 그리고 여기에서 우리는 아까 물었던 질문을 마저 해야만 합니다.

리플리컨트는 '인간'일까요?

무엇이 인간인가

로이 베티의 존재는 이 모든 의문의 종착지입니다. 로이 베티는 군용 리플리컨트로, 아버지인 타이렐 박사를 죽이는 인물이에요. 타이렐 박사를 찾아간 로이 베티는 더 긴 삶을 원한다고 말합니다. 생을 지속하고 싶어 하는 이 생명체에게 타이렐은 남은 인생을 즐기라 말하고, 결국 로이 베티는 타이렐의 눈을 손가락으로 눌러서 죽이죠.

〈블레이드 러너〉에서 '눈'은 매우 중요한 요소입니다. 데커드와 같은 블레이드 러너들이 인간과 비인간을 구분해내는 것이 동공의 수축 반응이기 때문이죠. 여기서 '눈'은 세상을 비추는 창이자, 인간성을 판별하는 가장 중요한 장기입니다. 로이 베티가 타이렐의 눈을 눌러서 죽인 것은 자신이 지니지 못한 인간성에 대한 분노의 표시였을까요? 아니면 타이렐의 인간성을 부정하는 행동이었을까요?

영화의 마지막 장면에서 로이 베티는 자신을 죽이러 온 블레이드 러너, 데커드의 목숨을 구해줍니다. 그리고 로이 베티의 입에서 마치 시와도 같은 대사가 흘러나오죠.

로이 베티　　난 너희 인간들이 믿지 못할 것들을 봤어. 오리온의 어깨에서 불타오르는 강습함들. 탄호이저 게이트 곁의 암흑 속에서 반짝이는 C-빔들도 봤지. 그 모든 순간들이 곧 사라지겠지. 마치 빗속의 눈물처럼.

죽을 시간이야.

죽음의 순간에 로이 베티가 뱉은 말은 귀를 의심케 만듭니다. 마치 빗속의 눈물처럼 모든 순간이 사라질 것이라는 말. 천국이든 지옥이든, 그가 향하는 죽음의 세계에 대한 로이 베티의 인식을 보여줍니다. 여기에서 자연스럽게 질문이 떠오릅니다. 그 말을 하는 로이 베티에게는 영혼이 있는 걸까요?

무엇이 인간을 인간답게 만들까요? 데커드가 이야기한 인간성과 공감능력은 로이 베티라는 존재로 인해 설득력을 잃어버리고 맙니다. 인간과 리플리컨트를 구분할 수 없다면, 리플리컨트가 충분히 인간다워진다면, 원본인 인간에게 의미가 있을까요? 복제품이 가득한 현대사회에 리플리컨트의 은유가 주는 의미는 결코 작지 않습니다.

지금은 복제품인 인공지능이 원본인 인간을 능가하는 시대입니다. 체스 챔피언이 슈퍼컴퓨터를 상대로 이기지 못하는 건 더 이상 뉴스거리도 되지 못하죠. 바둑도 마찬가지입니다. 인간 가운데 최고의 실력자이며 바둑사에 남을 절정의 고수이자 초일류 기사인 이세돌이 다섯 판에서 단 한 판을 이기고 나머지 네 판은 알파고에게 패했습니다.

이후 알파고는 인간들이 범접할 수 없는 곳으로 가버렸습니다. 플라톤이 말한 '바둑의 이데아'가 있다면, 그리고 바둑의 원리를 우리의 '영혼'이 이미 알고 있다면, 인간은 졌을 리가 없지 않을까요? 체스와 바둑 인공지능은 너무 발전해서 이제는 인간이 이해할 수 없는 경지까지 발전했다고 합니다. 인간의 지능을 흉내 내어 만든 복제품인 인공지능이 이데아에 더욱 가까이 다가간 것입니다. 이처럼 복제품이 원본을 넘어, 이데아에 다가간다면, 복제품을 복제품이라 불러야 할 이유가 있을까요?

바로 그 지점에서 〈블레이드 러너〉의 화두가 하나 떠오릅니다. 〈블레이드 러너〉의 팬이라면 모두가 한 번쯤 던지는 그 질문. "데커드는 리플리컨트인가?"

〈블레이드 러너〉의 팬들은 데커드가 리플리컨트인 이유와 증거들을 모으기도 하고, 그에 대한 반박의 증거들을 모으기도 합니다. 그러나 핵심은 진실에 있지 않습니다. 질문 그 자체에 있습니다. 원본이라 생각했던, 인간이라 생각했던 데커드의 본질을 뒤흔드는 질문 말이죠. "당신은 진짜인가?", "당신은 원본인가?", "당신은 리플리컨트인가?"라는 질문이 의미하는 것은 원본과 복제의 구분이 불가능해진 바로 지금, 이 시대의 물음이기도 합니다.

로이 베티가 데커드를 흔들기 전에, 레이첼이 데커드에게 던졌던 대사가 뇌리에서 떠나지 않습니다.

"스스로에게 보이트 캄프 테스트를 한 적이 있나요?"

물으면, 알 수 있을까요?

영화 팬들이 건져올린
저주받은 걸작

영화 전문가들, 혹은 평론가들의 존재가 절대적이었던 시절이 있었다. 그때 영화 전문가들의 평가는 영화를 선택하는 소중한 기준이었다. 자연스럽게 영화 전문가나 평론가들의 말을 귀담아 들었지만, 때로는 불만의 대상이 되기도 했다. 특히 내가 사랑하는 영화에 가차 없이, 혹독한 평가를 내리는 사람들은 얄밉게 느껴졌다(왠지 찔리지만).

하지만 이 관계가 거꾸로 뒤집힌 작품이 바로 〈블레이드 러너〉다. 지금의 명성을 생각해보면 이 영화의 흥행 성적은 도통 신통치 않았다. 그렇게 2차 시장에 나온 이 영화의 가치를 영화 팬들은 서서히 알아채기 시작했다. 종국에는 컬트적인 인기를 끌며 비디오테이프 시장에서 붐을 일으켰고 비디오 대여점 렌털 순위에서 최상위에 위치하는 기염을 토한다.

당대의 영화 평론가들, 아주 유명한 평론가들조차 형편없다고 말한 이 영화가 왜 비디오테이프 시장에서는 인기를 끌었을까? 이는 비디오테이프의 특성에 기인했다. 매체의 특성상 비디오테이프는 집에서 편하게 몇 번이고 돌려서 다시 볼 수 있고, 장면을 멈춰가며 프레임 단위로 감상하고 분석할 수 있었다. 처음에는 의미를 알 수 없었던 장면들을 몇 번씩 반복해서 보니 그 의미가 밝혀지기 시작한 것이다. 그리고 장면을 멈춰서 보니 화면에 깔린 여러 소품들과 장치들을 파악할 수 있었는데 이를 뜯어보고 살펴볼수록 더 재미있는 요소들이 튀어나오는 영화였다. 영화관에서 한 번밖에 이 영화를 보지 않았던 영화 평론가들은 당연히 이 영화의 진면목을 알아볼 수 없었다. 그래서 팬들이야말로 이 영화가 걸작이라는 걸 알아채고, 이 영화를 불멸의 지위로 올려놓은 것이다.

하지만 작품이 복잡하고 훌륭하다고 해서 이렇게 많은 팬이 생길 수는 없을 것이다. 나 역시 〈블레이드 러너〉가 나온 지 20년 이상이 지나서 봤음에도 이 영화에 푹 빠졌다. 설정의 독특함, 미래 도시의 음울한 풍경, 연기가 자욱한 환경, 공허한 결말에 이르기까지 매력적인 요소가 이루 말할 수 없을 정도였다. 게다가 수수께끼를 푸는 것 같은 재미까지.

한편으로는 해석의 과도함으로 갑론을박이 나오기도 하는 작품이다. 대표적으로는 영화 초반에 데커드가 일본식 선술집 같은 곳에서 음식을 주문하는 장면이다. 여기에서 데커드는 '4개'를 주문하는데, 일본인으로 보이는 주인은 "2개면 충분해요"라고 말한다. 그전까지 일본 팬들은 데커드가 새우덮밥, 즉 '에비동'을 주문했고, 새우를 4개 달라고 한 것이라고 생각했다. 하지만 완전판을 보니 나온 음식은 먼지 알아볼 수 없는 기괴한 것이었다. 여기에서 갑론을박이 시작되었다. '4개'는 살아남은 넥서스 6의 리플리컨트들을 말하는 것이고, 2개면 충분하다는 대사는 데커드가 그중 둘을 살해하게 된다는 식의 해석이다. 당연한 이야기지만 해석에 정답은 있을 수 없다. 오히려 이렇게 팬들로 하여금 해석하면서 즐길 수 있도록 영화를 만드는 것이 대단하다는 생각이 든다. '꿈보다 해몽'이라지만, 분명 해몽이 더 재미있을 때도 있으니까.

플라톤 Platon, B.C. 428~B.C 347 추정
고대 그리스 철학의 대표주자

아테네의 유력한 귀족 집안에서 태어난 플라톤은 훌륭한 교육을 받으며 뛰어난 정치가가 되리라 기대받았다. 그러나 그는 정치가가 되는 대신 역사적인 정치철학가이자 교육자, 또는 사업가로 활동하게 된다.

그의 인생에 가장 큰 영향을 미친 존재는 물론 그의 스승인 소크라테스였다. 소크라테스가 죽을 당시 플라톤의 나이는 28세였다고 한다. 플라톤은 젊은 시절 대부분을 소크라테스와 함께 보냈고, 소크라테스의 부당한 죽음에 누구보다 분노했던 것도 플라톤이었다. 결국 플라톤은 소크라테스라는 위대한 스승을 불멸의 존재로 만드는 데 결정적인 역할을 했다. 플라톤은 자신의 저서를 통해 소크라테스의 말과 논리, 철학과 이념을 기록했고, 그 기록이 오늘날까지 남아 이어지고 있다.

또 플라톤은 생전에 교육기관 '아카데메이아'를 만들었는데 여기에는 재미있는 사연이 있다. 플라톤은 39세에 시라쿠사의 군주 디오니시우스 1세의 초대를 받았다가 사이가 틀어지는 바람에 노예로 팔리게 되었다. 이때 그의 친구들이 플라톤의 몸값을 지불하고 그를 구출해주었다. 플라톤은 그 돈을 갚고자 했는데 친구들은 한사코 거절했다. 결국 플라톤은 그 돈으로 아테네 교외에 아카데메이아를 짓고 아르키메데스를 포함한 여러 제자를 가르쳤다고 하니 재미있는 인연이다.

Chapter 3

소크라테스를
죽인 것은
누구인가

**12인의 성난 사람들
(feat. 리갈하이)**

✕

소크라테스

12인의 성난 사람들
12 Angry Men

감독 시드니 루멧 **개봉** 1957년

한 마을에서 10대 소년이 날카로운 칼로 자신의 부친을 찔러 잔인하게 살해한 사건이 발생한다. 이 소년이 저지른 살인사건에 대한 재판은 이제 배심원단의 최종 결정만을 남겨두고 있다. 최후의 판결을 앞에 둔 배심원단은 회의 끝에 투표를 진행한다. 소년의 죄는 명백한 것으로 보였기 때문에 배심원단 중 11명은 이 소년에게 유죄 판결을 내린다. 하지만 오직 단 한 사람의 배심원만이 무죄를 주장한다. 모두가 유죄를 말할 때 홀로 무죄를 말하는 한 사람. 바로 배심원 8번이다. 배심원단은 무죄를 말하는 그 1명의 배심원을 압박하기 시작한다.

아마 인간이 만든 법과 제도 중 가장 말도 많고 탈도 많은 것이 사법제도가 아닐까 합니다. 여느 제도나 마찬가지겠지만, 특히 사법제도는 인간의 죄의 유무를 가리고, 형벌의 종류와 크기를 정하는 중차대한 것이므로 더욱 민감한 반응이 나오기도 합니다. 우리나라에서는 판사가 판결을 내리는 풍경이 익숙하지만, 서양의 경우는 배심제가 일반적입니다. 우리나라도 여러 논의 끝에 지난 2008년부터 일반 국민 중에 선정된 배심원이 참여하는 국민참여재판이 도입되었습니다. 민주적 정당성을 강화하고 신뢰를 높이자는 취지에서 시작된 제도지만, 공정성과 합리성 문제가 불거지면서 사회적 논란이 되기도 하죠.

보통 이런 배심제를 배경으로 한 법정 영화의 주인공은 대부분 약자를 보호하는 변호사입니다. 진실을 파헤치고 변론으로 억울한 판결을 막는 활약을 펼쳐요. 군대 안의 부조리를 다루고 있는 영화 〈어 퓨 굿 맨〉에서도 주인공은 톰 크루즈가 연기한 변호사 다니엘 캐피 중위입니다. 하지만 법정 영화 역사상 최고의 명작이라 불리는 작품 〈12명의 성난 사람들〉의 주인공은 변호사가 아닙니다. 바로 배심원들이죠.

배심원제는 공정할 수 있을까

──────── 1957년에 개봉한 이 흑백 영화는 지금 봐도 긴장감이 넘치는 훌륭한 작품입니다. 영화는 살인사건 재판에 선정된 배심원들의 이야기를 다뤄요. 피고인으로 법정에 선 이는 빈민가 출신의 18세 소년입니다. 불우한 가정환경에서 자란 소년은 폭력을 자주 휘두르는 아버지에게 얻어맞는 일이 다반사였어요. 여러 고아원에서 생활한 이 소년은 어려서부터 소년원을 들락거렸으며 무엇보다 칼부림하는 싸움에 관여한 적도 있었습니다. 하지만 본인은 아버지를 살해하지 않았다고 강력하게 주장합니다.

이 사건의 재판을 지켜본 12명의 배심원들 중 11명이 소년을 '유죄'라 단정합니다. 하지만 8번 배심원만은 '무죄'를 주장하죠. 8번 배심원은 피고인이 살인을 하지 않았다고 확신하며 차근차근 논리를 펼쳐갑니다. 그는 '합리적 의심'을 무기로 소년의 무죄를 주장하기에 이릅니다.

이 영화가 흥미로운 것은 12명이 벌이는 논쟁에 있습니다. 그

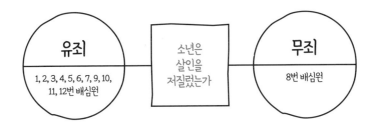

들은 치열한 논쟁을 통해 서로의 의사를 알아가고, 자신의 주장을 관철합니다. 좀 길긴 하지만, 논쟁이 어떤 식으로 진행되는지 보시죠.

8번 배심원　(웃으며) 쭉 걔 입장에서 생각해봤어요. 나 같으면 다른 변호사를 부르고 싶었을 겁니다. 만약 제가 그 피고석에 있었더라면 제 변호사가 검사 쪽 증인들의 허점을 낱낱이 파헤치거나 적어도 노력은 해주길 바랐겠죠. 생각해보세요. 사건을 목격했다고 하는 증인은 딱 한 사람. 다른 한 사람은 사람 죽이는 소리를 들었고 나와 보니까 애가 도망치며 뛰쳐나갔다고 했어요. 여러 가지 정황 증거가 제시되긴 했지만 실질적으로 이 두 사람의 증언이 주요했던 기소 아니었습니까? 그 두 사람이 틀렸다고 가정해보세요.

12번 배심원　그게 무슨 소립니까? '틀렸다고 가정해보라'니.

	그럼 뭐 하러 증인을 부릅니까?
8번 배심원	틀릴 수 있는 거 아닙니까?
12번 배심원	판사 앞에서 선서를 했는데 그럼 위증을 했다는 말입니까?
8번 배심원	그분들도 인간일 뿐입니다. 인간은 실수합니다. 틀릴 수 있는 거 아닙니까?
12번 배심원	인간, 인간 하시는데 난 그렇게 생각하지 않습니다.
8번 배심원	어떻게 그렇게 확신하십니까?
12번 배심원	이게 뭐 과학적 사실도 아니고 누구도 그렇게 100 퍼센트 단정할 수야 없지.
8번 배심원	제 말씀이 그 말씀입니다.

이 논쟁에서는 다양한 인간 군상의 특성이 적나라하게 드러납니다. 이것이 영화의 흥미를 더해주는 가장 중요한 요소죠. 명료한 논리와 냉철한 판단으로 논쟁을 이어가는 이가 있는가 하면, 큰소리로 호통만 치는 이도 있고, 줏대 없이 이리저리 휘둘리는 사람도 있어요. 물론 논쟁 자체에 별 관심이 없고 빨리 집에 가고 싶어서 사형에 찬성하는 이도 있습니다.

다양한 인간 군상만큼이나 우리나라의 경우 '배심제'에 대해서 법조계, 정치계, 대중들의 반응이 제각각입니다. 배심제를 반대하는 측은 배심원들이 감정에 치우치거나 혹은 부족한 전문성 때문에 판결의 신뢰도가 떨어진다고 합니다. 배심제를 찬성하는 측은 시민이 직접 참여하는 재판이라는 면에서 민주적 정당성을 확보할 수 있다는 것을 가장 큰 장점으로 내세웁니다. 배심제는 과연 공정한 것일까요?

이러한 배심제에 의해 사형을 선고받은 철학자가 있습니다. 8번 배심원이 정말 필요했죠. 바로 세계 4대 성인이라 불리는 소크라테스입니다. 고대 그리스 철학사에서 빼놓을 수 없는 위대한 성인으로 일컬어지는 소크라테스는 아테네의 사법제도에 의해 사형을 당했습니다.

소크라테스의 죄는 무엇인가

"도시가 믿는 신들을 믿지 않으며 젊은이들을 타락시켰다."
"사악한 자이며 땅 아래에 있는 것과 하늘 위에 있는 것을 탐구하는 괴상한 사람이고, 나쁜 명분을 좋은 명분처럼 보이게 하는 기술에 능한 데다 그런 기술을 다른 사람에게 가르치기까지 한다."

이는 소크라테스가 법정에 서게 된 죄목입니다. 이 재판에서 그는 500명의 배심원들에 의해 사형선고를 받죠. 물론 허울뿐인 명분이었어요. 이 재판이 일어난 진짜 이유는 그의 제자인 알키비아데스와 크리티아스 때문입니다. 당시 '풍운아'로 불린 알키비아데스는 너무나 뛰어난 능력을 지녔지만 그 능력 때문에 배신을 밥 먹듯이 한 인물이기도 합니다. 펠로폰네소스 전쟁 당시 아테네를 배신했죠. 크리티아스는 스파르타의 힘을 얻어 정권을 잡자마자 반대파를 모조리 숙청하고, **시민**의 숫자를 3,000명으로 고정한 폭군이었습니다. 아테네의 시민들은 크리티아스의 폭정에 분노해 그를 몰아내고, 원인을 제공한 자를 찾았으니 그게 바로 소크라테스였습니다. 하지만 소크라테스를 '알키비아데스와 크리티아스의 스승인 죄'로 기소할 수는 없으니 위와 같은 모호한 표현을 사용한 것이죠.

[시민]
시민인 어머니에게 태어나 18세 이상이 되면 시민권(폴리테이아)을 부여한다. 이들 중 2년간 군사 훈련을 거친 남성만이 참정권을 지니고 있다. 여성과 노예와 외국인은 참정권을 지니지 못했으므로, 당시의 아테네의 남성 시민들은 특권계급이라 볼 수 있다.

물론 소크라테스도 그런 사실을 모르지는 않았을 거예요. 재판 자체도 소크라테스에게 불리하지는 않았습니다. 배심원들 중 다수는 소크라테스에게 유죄 판결을 내렸으나 형량을 선택하는 것은 다른 문제였기 때문이죠. 배심원들은 유죄 판결을 내린 후에 원고 측과 피고 측이 제시한 형량 중 어느 한쪽을 선택해야만 했습니다. 유죄와 무죄 사이의 표 차이가 크지 않았기에 소크라테스는 민중재판관들을 설득해 사형보다 가벼운 형벌을 받을 수도 있었습니다. 당시 법에 따라 피고인은 유죄 평결 후, 최후 변론에서 구류·벌금·추방·침묵 강요 등 네 가지 중 하나를 요청할 수 있었습니다.

그런데 소크라테스는 최후 변론에서 '가벼운 벌금'을 선택합니다. 민중재판관들은 소크라테스가 뉘우치는 기색 하나 없이 푼돈에 지나지 않는 금액을 벌금으로 내겠다고 하는 데 분노했죠. 결국 유죄 판결을 내린 배심원들보다 더 많은 수의 배심원들이 소크라테스에게 사형을 언도합니다.

소크라테스가 그런 선택을 한 까닭은 어렵지 않게 추측할 수 있습니다. 그는 유죄를 인정하는 꼴이 될까 봐 가벼운 벌금으로 끝낼 수 있다는 특권조차 포기한 사람이므로, 사형을 받는 한이 있더라도 자신이 생각한 바를 행하려 한 것입니다. 그것이 소크라테스의 정의가 아니었을까요? 소크라테스는 자신에게 적용된 고소 내용을 조목조목 반박했습니다. 그는 "나는 과학자가 아니다"라고 말하면서 "물질에 대한 사색에 전혀 관심이 없다"고 덧붙이죠. 아울러 자신은 교사가 아니므로 가르친 대가로 돈을 받지 않는다고 말합니다.

재판에서 소크라테스는 명쾌하게 답을 내립니다. "현명한 것은 오직 신뿐"이라고. 소크라테스는 "신들은 자신의 지혜가 가장 무가치하다는 자를 가장 현명한 자라고 해서 '인간의 지혜'가 사실은 무의미함을 입증하려 한 것"이라고 말합니다. 그래서 신들만이 현명하고, 인간은 현명해질 수 없다는 것입니다. 소크라테스는 그 누구보다도 자신의 지혜를 낮게 평가했습니다. 사실상 '아는 것이 없는 것이 아는 것'이라는 '무지의 지(知)'를 표현한 것이죠. 공자가 자로에게 "아는 것을 안다고 하고, 모르는 것을 모른다고 하는 것이 아는 것이다"라고 말한 것과 일맥상통합니다.

　이어서 그는 자신의 역할이 바로 아테네 청년들의 '등에'와 같은 역할이었음을 역설합니다. 아테네의 청년들은 마치 게으른 소와 같아서 깨달음이 없으니 스스로가 누구인지 알지 못하는 자들이었고, 이에 소크라테스는 소 등에서 피를 빨아 먹으며 소를 자극하는 등에처럼, 청년들을 자극해 마음을 꼬집고 정신이 들게 만드는 역할을 수행했다는 것입니다. 귀찮은 모기가 팔에 앉으면 손을 휘둘러 죽이듯, 아테네 청년들의 정신을 깨우려

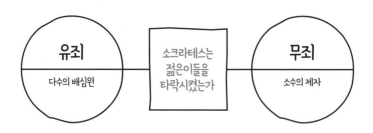

그들을 귀찮게 한 결과, 소크라테스는 미움을 받았습니다.

그는 재판 내내 재판부를 압박했고, 자신의 주장을 굽히지 않았어요. 결국 변론 이후 더 많은 수의 배심원들이 사형을 언도했고, 소크라테스는 죽음을 받아들입니다.

배심원제와 철인정치는 손을 맞잡을 수 없는가

소크라테스의 죽음은 확실히 불합리한 일이었습니다. 설령 그의 제자 알키비아데스가 배신자라하더라도 소크라테스가 그에게 배신을 가르치거나 유도한 것은 아니죠. 게다가 소크라테스의 사상을 배우고 익힌 이들 중에는 알키비아데스 같은 이들만 있는 것도 아닙니다. "아테네의 청년들을 타락시켰다"는 재판부의 입장에 대해 소크라테스는 자신에게 가르침을 받은 제자들과 그의 부모들이 재판장에 있음에도 불구하고 그 누구도 '타락'에 대해 증언하지 않는다고 지적합니다.

소크라테스의 변론은 현재의 법정에서도 통할 만큼 날카로웠습니다. 만약 소크라테스가 정말 아테네의 청년들을 타락시켰다면, 왜 그의 제자들은 모두 침묵했을까요? 왜 그가 제자들과 더불어 사상과 철학을 이야기할 때 그걸 지켜본 이들은 모두 침묵했을까요? 알키비아데스의 타락이 정녕 소크라테스 때문이었을까요?

사실 소크라테스는 지식인들의 무지를 고발하고 다녔기 때문에 적이 많을 수밖에 없었어요. 자신의 말마따나 그는 등에와 같은 사람이었죠. 아테네는 그런 그를 견딜 수 없었던 것입니다. 영화 〈12명의 성난 사람들〉과 다르게 아테네의 배심원들은 매우 감정적인 선택을 했습니다. 그리고 소크라테스의 제자인 플라톤은 그러한 배심원들의 결정을 받아들일 수 없었죠. 배심원들의 자의적이고 감정적인 판결의 문제는 결국 '**중우정치** (衆愚政治)'로 이어집니다. 플라톤은 민주주의가 어리석은 민중들로 인해 잘못된 판단을 하도록 방치한다고 주장합니다. 만약 자신과 같은 현명한 철학자가 판관이었다면, 진실을 꿰뚫어볼 수 있었을 것이라고 확신하죠. 소크라테스에 대한 개인적인 증오심에 눈이 멀어 그를 죽인 어리석은 배심원들과는 분명 달랐을 것이라고요.

이른바 '철인정치'의 필요성이 여기에서 나옵니다. 철인정치란 어리석은 민중들의 판단은 흉측한 결과를 가져올 수 있으니, 잘 배

[중우정치]
플라톤은 다수 폭민에 의한 정치로, 아리스토텔레스는 다수 빈민에 의한 정치로 규정했다. 민주제에 어울리는 지도자 혹은 지배체제가 부재했을 때 민주제는 어리석은 민중에게 좌우되며, 어리석은 다수 민중의 지배를 받음으로써 민주제가 타락한다는 의미다.

12인의 성난 사람들(feat. 리갈하이) × 소크라테스

	철인정치	중우정치
결정권	소수의 철인	다수의 민중

우고 잘 훈련된 전문 철학자가 판단의 주체가 되어야 한다는 생각을 전제로 합니다. 조금 더 자세히 설명하자면, 우선 플라톤이 말하는 '철인'은 현재를 살아가는 우리가 생각하는 '철학자'가 아닌 지식을 소유한 자, 곧 현상을 초월한 이데아를 포착하고 인지할 수 있는 자를 의미합니다. 플라톤에게 있어서 정치가는 의사와 다르지 않아요. 병에 걸린 환자를 치료하기 위해서는 병과 의학에 관한 지식을 소유하고 있는 의사가 있어야만 하듯, 정치가 역시 정치의 이데아를 인지할 수 있는 지혜로운 자, 지식을 소유한 자여야만 하죠. 그래야만 정치가 지닌 문제의 원인과 해결 방법을 알 수 있기 때문입니다.

이런 논의와 관련해서 주목할 만한 법정 드라마가 있습니다. 일본 드라마 〈리갈하이〉입니다. 단 한 번도 재판에서 패소한 적이 없는 변호사 코미카도 켄스케의 활약을 그린 법정 코미디 드라마로, 극 중 코미카도는 안도 키와라는 살인 용의자를 변호하다 최초로 패배하게 됩니다. 그러나 코미카도는 그 사건을 끝까지 물고 늘어져 마침내 대법원에서 다투게 됩니다. 여기서 '민의의 검사'라는 별명을 지닌 검찰 측의 다이고 미노루와 설전을 벌이는 장면이 인상적입니다.

코미카도는 "민주주의가 들어오면 사법은 끝장이다"라고 주장합니다. 그는 재판의 결정적인 증언들 중 애매모호한 것이 많고, 안도 키와가 하지 않았다고 '합리적으로 의심'할 만한 다른 증거들도 있다고 말합니다. 그리고 이 재판이 다소 감정적으로 기울고 있음을 지적해요. 안도 키와가 명품을 입고 있는 데다 매력적이며 도발적인 인물이기에 배심원들이 그를 미워했다는 것입니다. 아래는 코미카도가 다이고 검사와 법관들을 향해 펼치는 변론의 일부입니다.

코미카도   민의라면 무엇이든지 옳은 것입니까?

다이고   그것이 민주주의다.

코미카도   재판에 민주주의를 끌어들이면 사법은 끝이다.

    (중략)

코미카도   사형에 처합시다. 현장에서의 목격 증언은 애매하지만, 사형에 처합시다. 피고인의 방에서 압수된 독극물이 범행에 쓰였는지 아닌지 확실한 증거는 없지만 사형에 처합시다. 현장에 다른 독극물 같은 병이 떨어져 있다는 증언이 있지만, 신경 쓰지 말고 사형에 처합시다. 증거도 증언도 상관없이 고급 외

제차를 타고 브랜드 옷을 몸에 걸치고, 상어 지느러미와 푸아그라를 먹었으니까 사형에 처합시다. 그것이 민의다, 그것이 민주주의다, 얼마나 훌륭한 나라인가.

코미카도 민의라면 옳다, 모두가 찬성하는 것이라면 모두 옳다. 그러면, 모두가 폭력을 휘두른 것도 옳은 거구나. 내 파트너 변호사를 여럿이서 몰려들어 뭇매를 때린 것도 민의니까 옳은 거구나… 웃기지 마, 웃기지 말라고!

코미카도 진정한 악마는, 거대하게 부풀어오른 민의다. 자신을 착한 사람이라고 믿어 의심치 않고, 추레한 들개가 하수구에 떨어지면 일제히 모여서 뭇매를 때리는, 그것이 선량한 시민들이다. 하지만 세상에는 하수구에 떨어진 들개를 아무렇지 않게 도우려는 바보도 있지. 자기 자신의 신념만을 믿고, 위험을 무릅쓰는 바보가 말이야. 그 바보 덕분에 오늘, 에가미 쥰코 씨는 민의의 탁류로부터 벗어나 자신의 의지로 증언을 해주셨습니다. 그것은 에가미 씨 단 한 사람일지도 모르지만, 확실히 민의를 바꾼 것입니다. 저는 그 바보를, 자랑스럽게 생각합니다.

코미카도 당신들 다섯 명은 무엇 때문에 그곳에 있는 것입니까? 민의가 모든 것을 결정한다면, 이런 격식 차린 건물도 권위 붙은 절차도 필요하지 않습니다. 잘난 듯이 턱 버티고 앉아 있는 할아버지도 할머니도 필요하지 않습니다. 재판의 판결을 내리는 것은, 결코 국민 설문조사 따위가 아니라 석학이신 단 다섯 명의 당신들입니다. 부디, 사법의 정점에 선 자의 긍지를 가지고 결단해주십시오. 부탁드립니다.

_〈리갈하이〉 시즌2 9화

코미카도의 변론은 배심제의 한계, 감정에 휘둘리기 쉬운 배심원들의 한계를 정확히 지적하고 있습니다. 그의 말에 따르면 지식인이자 사법의 정점에 서 있는 대법관들은 감정에 휘둘리지 않고 현명한 판단을 할 수 있는 자들입니다. 그렇기에 사법 제도는 배심제를 거부해야 한다고 말하죠.

코미카도와 플라톤의 이러한 지적은 옳은 것일까요?

인간의 불완전성과 제도의 존재 이유

———————— 인간이 인간을 심판하는 것은 어려운 일입니다. 인간은 언제나 감정에 휩쓸리는 존재고, 때론 어리석고

무지하기 때문입니다. 그러한 인간의 불완전성은 인간이 내리는 심판이 그 자체로 오류의 가능성을 내포하고 있다는 걸 보여주는 방증이죠. 그래서 인간은 지혜를 모아 법을 만들었습니다.

2019년에 개봉한 〈배심원들〉은 일종의 배심제인 국민참여재판을 다룬 한국 영화입니다. 배우 문소리가 연기한 김준겸 판사는 8번 배심원에게 이렇게 말합니다. "법은 사람을 처벌하지 않기 위해 있는 것이다." 김준겸의 설명에 따르면, 사람을 쉽게 처벌해서는 안 되기 때문에 법이라는 기준이 세워졌다는 의미죠.

문제는 그 법을 판단하고 적용하는 주체가 누가 되어야 하느냐는 것입니다. 〈12명의 성난 사람들〉의 결론은 8번 배심원의 승리로 끝납니다. 그의 철저한 '합리적 의심'은 끝내 받아들여지고, 재판부는 만장일치로 무죄를 선언하기에 이릅니다. 짜릿한 결말이지만 따져보면 영화의 메시지가 모호하게 느껴지기도 합니다. 배심원들은 분명히 처음에는 거의 만장일치로 사형에 합의하려 했어요. 만약 8번 배심원이 없었다면 사형은 현실이 되었을 것입니다. 영화는 8번 배심원이 다른 배심원들을 설득하고, 때로는 논쟁을 불사하며 싸워 이기는 모습을 보여줍니다. 그렇다면 8번 배심원은 '중우정치'에 파고든 플라톤일까요? 한 사람의 뛰어난 철학자가 어리석은 다른 배심원들을 가르치고 바른길로 인도한 것일까요?

영화 속에서 제게 가장 인상적이었던 대사는 이것입니다.

11번 배심원	우리에겐 책임이 있습니다. 전 항상 민주주의가 위대하다고 생각해왔습니다. 우린 우편 통지에 따라 여기에 와서, 생전 처음 보는 사람의 유무죄 여부를 판단하고 있는 겁니다. 이 판결로 우리가 득 볼 것도 잃을 것도 없지요. 그것이 우리가 힘을 갖는 이유입니다.

이 대사는 배심제의 장점을 알기 쉽게 설명하고 있어요. 이해관계와 무관하다는 객관성 그리고 민주주의적 제도의 가치를 역설하죠.

우리나라에도 국민참여재판이 있지만 사법 시스템은 플라톤이 주장하는 '철인정치'에 가깝습니다. 제아무리 국민참여재판이라고 해도 판단의 주체는 판사입니다. 여기에서 판사는 법을 오랫동안 공부했다고 인정되는 지식인으로서, 법률을 적용하는 스페셜리스트라는 점에서는 플라톤의 '철인'과 유사하다고 볼 수 있습니다.

앞에서 말한 코미카도의 발언처럼 지식인의 존재는 귀하고 그들의 판단은 빛납니다. 하지만 소수의 지식인 역시 어디까지나 불완전한 인간이기에 언제나 타락할 여지가 있어요. 꼭 뇌물을 받는 등의 도덕적 타락만이 문제가 아닙니다. 얼마든지 잘못된 판단을 할 수도 있는 것이죠. 때로는 자신의 이익을 계산할 수도 있어요. 〈12명의 성난 사람들〉에서 11번 배심원이 한 말은 바로 이 부분을 지적합니다.

판사들은 앞으로도 그 지역에서 계속 재판을 해야만 합니다. 그 속에는 관계가 있어요. 개인의 영달 또한 생각해야 하죠. 때로는 자신의 승진과 사회적 평판을 위해 자신에게 유리한 판결을 내릴 수도 있습니다. 그러한 개인적인 욕망, 바람, 이해가 판결에 녹아 들어간다면 과연 그 판결을 '순수하다'고 말할 수 있을까요?

또 인간은 불완전한 존재이기에 언제든 타락하거나 굴복할 수 있습니다. 때로는 권력자에 의해 재판이 좌우될 수도 있어요. 판사도 하나의 '개인'이기 때문에 자신의 양심을 걸고 판결하려 해도 한계는 있게 마련입니다. 그것이 철인정치의 문제점이죠. 플라톤의 철인정치는 한 개인에 불과한 철학자에게 많은 것을 의존한다는 데에 한계가 있습니다. 만약 그 철학자가 타락한다면 사회 전체가 피해를 입게 되는 구조인 것이죠.

〈12명의 성난 사람들〉에서 지적하는 배심제의 강점은 이해관계가 없다는 점입니다. 어떤 사람들이 배심원일지 사전에 알기가 힘들죠. 그렇다고 배심제가 무조건 옳은 것은 아닙니다. 변론 과정에서 소크라테스가 주장한 '증오' 역시 배심원들이 빠지기 쉬운 함정입니다. 실제로 미국의 재판은 우리와는 달리 '변론'이 변호사의 중요한 스킬로 인정됩니다. 이는 무엇을 의미할까요? 배심원들이 법적으로 고도로 훈련된 판사들과는 달리 감정적인 판결을 내릴 가능성이 크다는 방증이죠. 뛰어난 언변과 논리로 배심원들의 마음을 흔든다면 배심원들은 다소 감정적인 판단을 할 수 있습니다. 만약 배심원들의 판단이 '감정에 치우친 것'이라 생각한다면, 우리는 그 판단이 지혜롭거나 합리적인 것이라고 받아들일 수 있을까요?

소크라테스는 자신을 죽인 것이 배심원들의 감정적인 판단이라 말하면서도 죽음을 받아들였습니다. 아테네의 법과 질서, 절차적 정의에 동의했기 때문입니다. 옳고 그름에 상관없이 소크라테스는 제도를 존중했습니다. 소크라테스는 아테네의 법과 제도의 피해자라고 할 수 있음에도, 그는 플라톤처럼 '철인정치'와 비슷한 주장을 하거나, '중우정치'와 같은 말을 하지도 않았습니다. 어쩌면 그 '어리석음'이 인간의 본질적 결함이라 생각한 건 아니었을까요?

소크라테스가 했다고 알려진 말 중에서 가장 유명한 두 가지는 "너 자신을 알라"와 "악법도 법이다"입니다. 이 중에서 "너 자신을 알라"는 말은 소크라테스가 한 말이 아니라 델포이 신전의 기둥에 적힌 글귀를 소크라테스가 인용한 것입니다. 또한 "악법도 법이다"라는 말 역시 소크라테스가 직접 한 말은 아닙니다. 후대의 일본 학자가 해석하는 과정에서 나온 말인데요. 소크라테스는 비슷한 뉘앙스의 말을 하긴 했어도 그렇게 말을 하지는 않았습니다. 오히려 소크라테스는 악법도 법이라서가 아니라, 아테네의 시민이자 철학자로서 스스로 삶의 마지막을 결정했다고 봐야 할 것입니다. 그의 선택에 담긴 의지가 곧 그가 어떤 철학자인지를 말해주기 때문이죠. 소크라테스는 일평생을 아테네에서 아테네의 법과 그 집행에 대해 별다른 이의를 제기하지 않은 채 암묵적으로 동의하며 살아왔습니다. 그런데 이제 와서 자신에게 불리해졌다고 아테네의 법을 거부할 수는 없다고 판단했을 수도 있습니다.

그렇다면 여기에서 한 가지 의문이 생깁니다. 소크라테스를 죽인 것은 무엇일까요? 소크라테스가 존중한 아테네의 법은 존중할 가치가 있는 걸까요? 한 나라의 사법제도는 그 나라 사람들이 인정하고 합의한 형벌의 방식이자 절차이며, 정의의 실현 방법이자 지혜의 결정체입니다. 말하자면 그 나라의 국민 수준을 보여준다고 할 수 있을 것입니다.

제도는 인간이 지혜를 모아서 본질적인 결함, 즉 '어리석음'을 극복하려는 시도입니다. 인간의 지혜가 불완전한 인간을 보완하기 위한 수단으로 제도를 제시한 것이죠. 인간의 지혜는 개인에게 있는 것이 아니라 제도에 있습니다. 그리고 인간이 불완전한 만큼 어떤 제도든 장단점이 있기 마련입니다.

그래서 우리는 끊임없이 제도를 개선합니다. 법을 개정하고, 절차적 정의를 위해 방법론을 고민하고, 그 과정에서 '국민참여

재판'도 시행되었죠. 소크라테스가 받아들인 것도 제도 그 자체였습니다. 악법이 법이라서가 아니고, 판사나 배심원들의 판결에 수긍해서도 아닙니다. 불완전한 인간들의 무지에 굴복한 것도 아닙니다. 그는 끝까지 지혜를 선택하는 사람이었습니다. 소크라테스는 아테네의 시민으로서 아테네의 제도를, 아테네의 지혜를 긍정한 것입니다. 실로 '현명한 자'에 어울리는 최후가 아닐까요.

인류가 만든 최고의 법정 영화

고전에서도 손꼽히는 영화인 〈12인의 성난 사람들〉을 불후의 명작으로 만든 힘은 바로 각본이다. 워낙 오래된 흑백 영화라 선뜻 손이 가지 않는 작품이겠지만 일단 자리에 앉아서 보기 시작하면 90분 남짓한 시간이 어디로 사라졌는지 모를 정도로 몰입감이 대단하다. 특히 이 영화의 공간을 생각해보면 각본이 얼마나 치밀한지 새삼 깨닫게 된다. 첫 장면은 법정에서 판사의 준엄한 충고로 시작된다. 이후에는 비좁은 배심원실에서 배심원 12명이 옹기종기 모여 앉아서 토론하는 내용을 보여줄 따름이다. 서로 다른 배경과 성격, 입장을 가진 12명의 사람을 한 공간에 몰아넣고 말싸움을 벌이고 부딪히는 장면을 그려낸 각본의 힘이 정말 엄청나다는 생각이 절로 든다. 소름이 끼칠 정도로 긴장감이 넘치는 구성이다.

각 인물들 역시 살아 숨 쉬는 캐릭터성을 보여준다. 우선 배심원장인 1번 배심원은 고등학교 미식축구 코치 출신이기 때문에 규칙을 중시하는 면이 있다. 2번 배심원은 은행원인데 덩치도 작고 목소리도 가늘고 태도도 어딘지 소극적인 면모가 있는 사람이다. 그래서 거친 배심원들은 2번 배심원을 대놓고 무시하기도 한다. 3번 배심원은 가뜩이나 성격이 불같은 데다, 마침 아들이 가출한 일 때문에 자신의 불만과 분노를 재판에 투영하고 있는 위험한 사람이다. 그는 마지막까지 고집을 부리며 사형을 외친다. 4번 배심원은 증권사에서 일하는 사람인데, 아주 논리적인 인물이다. 그래서 증거를 분석하고 논리를 내세워서 유죄를 증명하고자 하는 태도를 보여준다. 5번 배심원은 슬럼가 출신이라는 배경 때문에 발언이 종종 무시당하지만, 영화의 진행에서 중요한 역할을 하는 인물이다. 6번 배심원은 페인트를 칠하는 일을 하는 사람인데, 노인에 대한 존경심을 갖춘 사람이다. 3번 배심원이 무례한 소리를 하자 그에게 "노인을 존경할 줄 알아라" 같은 말을 하기도 한다. 7번 배심원은 정신이 온통 야구 경기에 쏠려 있어서 유죄든 무죄든 수가 많은 쪽에 붙으려고 한다. 빨리 경기를 보러 가야 하기 때문이다. 침착한 성격의 8번 배심원은 그야말로 미국 스타일의 영웅이다. 논리적이고 다수의 의견에 휩쓸리기보다는 자신의 양심에 귀 기울이는 사람이다. 9번 배심원은 현명하고 차분한 노인인 반면, 10번 배심원은 무식하고 소리를 버럭버럭 지르는 인물로, 상황을 험악하게 만들기 일쑤다. 11번 배심원은 이민자 출신이면서 미국식 민주주의의 우수성을 동경하는 인물이고, 12번 배심원은 언변이 그리 뛰어나지 않아 이리저리 휘둘리는 인물이다. 서로 성격도, 출신도 다른 인물들이 한 사람의 죄에 대해서 토론하는 것. 이게 바로 이 영화의 강점이다.

영화는 11번 배심원의 입을 빌려 배심제의 우수성에 대해서 말한다. 하지만 8번 배심원이 없었더라면 그 우수한 배심제는 무고한 젊은이에게 사형을 선고했을 수도 있다. 11번 배심원이 찬양한 미국의 배심제가 제대로 작동할 수 있었던 것은 8번 배심원이 자신의 양심에 따라 갈등을 일으킴에도 불구하고 신념을 굽히지 않았기 때문이다. 결국 불완전한 제도를 보완하는 것은 불완전한 개개인의 양심과 신념에 따른 행동이 아닐까.

소크라테스 Socrates, B.C. 469~B.C. 399 추정
'질문'으로 죽음을 부른 철학자

어쩌면 소크라테스의 비극은 델포이 신전의 신탁에서 비롯된 것일지 모른다. 당시 그리스인들은 신앙이 곧 생활과 밀접하게 연결되어 있었기에 언제나 델포이 신전에서 신탁을 받았다. 오래전 델포이 신전에서 "소크라테스보다 더 현명한 자가 있는가?" 하는 질문에 "없다"는 답이 나왔다고 한다. 소크라테스는 무척 당황했노라고 고백한다. 왜냐면 자신은 아무것도 아는 게 없는데, 신이 거짓말을 했을 리는 없을 테니 당황할 수밖에 없지 않은가.

이에 소크라테스는 신의 잘못을 입증하기 위해 현명하다고 알려진 이들을 찾아다니기 시작했다. 그리고 소크라테스는 실망했다. 현명하다 알려진 정치가, 시인, 대장장이 모두가 현명하지 않은 자들이었다. 그는 스스로 지혜롭다고 믿는 자들이 안타깝게도 그들의 생각과는 달리 무지하기 짝이 없다는 사실을 알려주었다. 이때 사용한 소크라테스의 대화법은 흔히 '산파술'로 알려져 있는데 마치 산파가 출산을 유도하듯 여러 질문을 통해 상대가 스스로 깨달음을 얻도록 유도하는 방법이었다. 소크라테스는 지속적으로 질문을 반복했고 결국 상대가 물러나도록 만들었다. 그렇게 상대가 알고 있는 지식이 사실은 보잘것없는 것이며, 그가 아무것도 모른다는 사실을 시인하도록 만든 것이다. 문제는 산파술의 방식이 무척 공격적이라는 점이다. 그들이 현명하지 않은 이유를 단호하게 추궁한 소크라테스를 그들은 증오하게 되었다. 그리고 결국 이는 소크라테스가 맞이하는 죽음의 단초가 되었다.

Chapter 4

우리가 사는 이 세계는 실재하는가

매트릭스

✕

데카르트

매트릭스
The Matrix

감독 릴리 워쇼스키, 라나 워쇼스키 **개봉** 1999년

1999년 미국. 토머스 앤더슨은 낮에는 유능한 컴퓨터 프로그래머인 평범한 회사
원이지만 밤에는 '네오'라는 이름의 해커로 살고 있다. 이때 모피어스라는 수수께
끼의 인물이 힌트를 주고, 묘한 매력의 트리니티가 나타나 네오를 안내한다. 회사
에서 '요원'들에게 쫓기며 최악의 상황까지 몰리지만, 모피어스와 트리니티는 네
오를 데리고 안전한 곳으로 이동, 모피어스는 그에게 이 세상의 진실을 알려준다.
사실 이 세계는 2199년의 미래이며, 인공지능 컴퓨터가 지배하는 세계라는 것.

누군가 제게 개인적으로 선호하는 소설이나 영화의 장르를 물어본다면 단연 '포스트 아포칼립스'를 꼽겠습니다. 그 다음은 SF 장르입니다. 공상과학을 주제로 한 영화 장르인 SF는 묘한 매력이 있어요. 과학기술의 발달과 그에 대한 논리적인 질문은 마치 인간의 미래와 본질에 대해 묻고 답하는 것 같죠.

SF 속 미래는 언제나 회색빛으로 물들어 있습니다. SF 장르는 주로 인류의 소멸과 멸망, 한없이 외롭고 어두컴컴한 세상을 그리고 있어서 회의주의자들의 예술이라고도 불립니다. SF 속 세상이 시니컬하고 비관적인 것은 우리가 그 '미래'에 존재하지 못할 것이라는 슬픈 예견 때문은 아닐까요.

SF의 담론은 주로 미래를, 우주를, 외계 생명체를, 인류의 다음 단계를 논합니다. 모두 '미지'의 세계에 대한 것이죠. 미지에 대한 궁금증과 의문은 SF의 본질이며, 그 물음은 동시에 미래에 대한 해답을 품고 있습니다. 그래서 SF의 이야기는 상당히 철학적인 질문들을 녹여내고 있습니다. 본질에 대한 질문이 바로 SF의 매력입니다.

박경리 작가는 생전에 이런 말을 했습니다. "작가는 칠흑과 안개를 향해 왜냐고 묻는 사람입니다. 왜라는 질문이 없으면 문제는 없거나 종결되었음을 뜻합니다. 따라서 문학도 종결되는 것입니다"라고.

바로 그 '왜'라는 질문이 곧 SF의, 문학의 그리고 철학의 출발점인 셈입니다.

현대인에게 '철학'이란 무엇인가

'철학이란 무엇인가'라는 질문은 철학사에서 무수히 반복된 질문이자, 아주 중요한 '철학적' 질문입니다. 결국 철학은 세상을 향해 '왜?'라는 질문을 던지고, 그 질문의 답을 찾아가는 과정에서 진리를 탐구하는 학문이기 때문이죠.

그런 의미에서 철학이 과학을 낳았다고 해도 과언은 아닙니다. 고대에는 철학과 과학이 명확히 구분되지 않았어요. '무엇을 알고 싶어 하고 궁리하는 것'은 철학적 사고의 과정이고, 이를 관찰에 근거해 보다 본질에 다가가려는 과정에서 과학이 싹트기 시작했죠. 갈릴레이와 뉴턴도 당시에는 모두 철학자였고, 근대과학의 조상으로 불리는 프랜시스 베이컨도 철학자였습니다.

그런데 시간이 지나면서 과학은 점차 철학의 범주를 벗어나 분화하기 시작했습니다. 오늘날의 과학은 최첨단 기술의 발달과 경쟁으로 인해 전문가가 아니면 접근조차 어려운 학문이 되었죠. 일상생활에서 과학이 얼마나 중요한지에 대해서는 모두가 알고 있지만, 과학을 학문으로 공부하는 것은 특정인들의 몫이라고 생각합니다.

예를 들어 누군가 "보리스 파스테르나크의 《닥터 지바고》를 읽어보셨나요?"라고 묻는다면, 보통은 '아직 읽지 못했지만 읽어야겠다'는 생각을 해요. 하지만 "나비에-스토크스 방정식에 대해 아시나요?"라고 물어오면 별다른 생각 없이 바로 "아니요"라고 답하게 됩니다. 우리는 문학이나 음악, 예술에 대해 모르는 게 있으면 교양의 문제로 받아들이지만, 과학에 대한 무지는 당연한 것으로 치부하죠. 과학의 발전이 인간의 인지능력과 관심을 벗어나는 수준에 이르렀기 때문입니다.

하지만 철학의 무수한 질문이 '진리'를 향한다면, 진리에 가장 가까운 학문은 무엇일까요? 저는 그것이 바로 과학이라고 생각합니다. 철학은 결국 인간에 대해 묻는 것이죠. 그렇다면 현대에 와서 인간을 가장 잘 이해하고, 인간에 대해서 '새로운 시각'을 제시할 수 있는 것은 철학이 아니라 과학이 아닐까요.

그렇게 볼 수 있는 이유는 간단합니다. 과거와 달리 우리는 유전자에 생명의 비밀이 숨겨져 있다는 걸 압니다. 우리의 생각은 어딘가 머나먼 곳에서 오는 것이 아니라 뇌의 시냅스에서 움직이는 전자 신호라는 걸 압니다. 우리의 감정은 우리 안에 초자연적인 존재가 명령하는 게 아니라 호르몬이라는 물질에 의해 지배된다는 것을 압니다. 즉 우리는 과학을 떠나서는 인간을 이해하기 어려워졌습니다.

아인슈타인이 상대성 이론을 만들었기에 우리는 시간 여행에 대한 아이디어와 패러독스를 생각할 수 있게 되었습니다. 이제 과학은 양자역학, 미시세계, 우주의 기원과 같은 것들을 파헤치고 있죠. '이 세상은 무엇으로 구성되어 있는가?' 하는 질문에 아리스토텔레스나 그 이전의 소피스트들은 '4원소설' 등을 말하기도 했습니다. 세계에 대한 질문은 철학자들의 영역이었죠. 하지만 양자역학까지 나온 지금의 시점에서, 우리의 세계가 어떻게 구성되어 있는지 철학자들은 대답할 수 없습니다. '세계란 무엇인가, 우주란 무엇인가, 인간이란 무엇인가'와 같은 가장 철학적인 질문들이 점차 과학의 영역으로만 인식되고 있는 것입니다. 하지만 생각을 바꿔보면 과학은 곧 철학이고, 이는 예술과도 궤를 같이합니다. 현대 미술 중에서 상대성 이론의 아이디어를 가져온 작품들은 쉽게 찾아볼 수 있습니다. 그리고 세계에 대한 본질적인 질문에 과학과 예술, 철학을 한데 모아 그 답을 탐구한 SF 영화도 있습니다. 20세기 말 세상을 깜짝 놀라게 한 영화 〈매트릭스〉입니다.

우리가 사는 이 세상은
실재하는가?

──────── 영화 〈매트릭스〉는 상업영화의 새로운 지평을 열었다는 평가를 받을 정도로 화제가 된 작품입니다. 특히 우리 나라에서는 〈매트릭스〉에 대한 재평가가 활발히 이루어지면서 개봉 이후에도 끊임없이 새로운 의미를 부여받고 있죠. 영화가 다루고 있는 철학적 사유와 다소 현학적인 데다가 말초적인 재미를 주는 오락성을 스크린에 잘 녹여냈기 때문입니다.

특이한 것은 평론가들에게는 '범작과 수작' 사이를 오가는 평가를 받고 있지만 유독 대중들에게는 고평가를 받고 있다는 점이에요. 영화의 메시지와 장점들은 극대화되어 재해석되는 반면, 영화가 지닌 연출·플롯·전개의 허점 등은 은폐되었죠. 어쨌든 〈매트릭스〉는 작품의 완성도를 떠나, '철학적 사유를 포함한 SF 영화'를 이야기할 때 반드시 거론되는 작품입니다. 관념적인 개념들을 영화로 형상화해냈다는 점에서 좋은 평가를 받는 작품 중 하나인 것만은 분명해요.

영화의 주인공 토머스 앤더슨은 낮에는 평범한 프로그래머이지만 밤에는 '네오'라는 아이디를 사용하는 해커로 활동하죠. 이 영화에서 워쇼스키 자매는 치밀하게 느껴질 정도로 장면마다 의미심장한 오브제들을 준비했어요. 네오가 다니는 회사이름은 'Metacortex'인데 초월하다는 의미를 지닌 'meta'와 대뇌

피질을 일컫는 'cortex'의 합성어로, 두뇌의 한계를 넘어선다는 의미입니다. 네오가 지내는 방에 꽂힌 책의 제목이 《시뮬라르크와 시뮬라시옹》인 것도 의미가 있죠. 장 보드리야르의 주장이 담긴 그 제목은 현대 자본주의에서 복제품이 원본을 대신하는 현상을 말하고 있으며, 이는 매트릭스의 세계에 대한 은유로 기능합니다.

마찬가지로 등장인물들의 이름에도 다양한 의미가 숨어 있습니다. 예를 들자면 네오의 연인 '트리니티'는 '삼위일체(Trinity)'를 의미하는 단어이고, 네오를 이끌어주는 '모피어스'는 그리스 신화에 나오는 꿈의 신 '모르페우스'에서 가져온 것입니다. 모르페우스(Μορφεύς)의 영어식 독음이 모피어스(Morpheus)죠. 조언이나 예언이 필요할 때 찾는 '오라클(Oracle)'이라는 인물은 이름 자체가 신탁, 예언을 뜻하는 단어입니다.

이렇듯 다양한 해석의 여지가 있는 오브제들과 탄탄한 세계관이야말로 **〈매트릭스〉 시리즈**의 큰 특징이라 할 수 있습니다. 그리고 설정상 가장 독보적이었던 영화는 바로 〈애니매트릭스〉입니다. 〈매트릭스 2: 리로디드〉가 개봉하기 직전 공개된 애니메이션으로,

> **[〈매트릭스〉 시리즈]**
> 〈매트릭스〉(1999), 〈애니매트릭스〉(2003), 〈매트릭스 2: 리로디드〉(2003), 〈매트릭스 3: 레볼루션〉(2003), 〈매트릭스 4〉(2021 예정)

총 9개의 단편 에피소드가 결합된 작품입니다.

그중 에피소드 〈두 번째 르네상스〉에 의하면, 인류는 스스로 몰락한 것에 가깝습니다. 인류가 몰락한 이후 맞이한 디스토피아의 세계가 바로 매트릭스의 배경인 셈인데, 그 몰락으로 향하는 과정이 흥미롭게 진행됩니다. 이야기의 시작은 최초로 인간을 살해한 '로봇 B1-66ER'의 사건이에요. 재판정에서 그는 '살고 싶어서' 인간을 죽였다고 말합니다. 생존을 위한 욕구가 인간에게 해를 끼쳐서는 안 된다는 명령보다 우선했던 것입니다.

인간은 최초로 인간을 살해한 로봇에게 극형을 내립니다. '물건'이 인간에게 해를 가했으니 폐기처분은 당연지사. 하지만 이는 로봇들의 권리 투쟁으로 이어지고, 로봇들은 정당한 권리를 얻기 위해 싸웠으며, '제로원'이라는 국가를 건설합니다. 제로원은 독일의 수학자 라이프니츠가 고안한 이진법을 의미하는데, 전자기기는 신호의 특성상 2진법, 즉 0과 1로 구성된 세계를 구축합니다. 기계들의 국가에는 참으로 어울리는 이름이죠.

인건비가 전혀 들지 않는 제로원의 생산품들은 가격과 품질 면에서 인간의 공장에서 제작하는 물건들을 압도하기 시작합니다. 게다가 제로원은 그 특성상 인간들에게 필요한 물품을 공급하면서도 정작 수입할 물건들은 제한적이죠. 세계는 경제적 패권을 제로원에게 빼앗길 위기에 처합니다.

인간과 로봇의 관계는 어떻게 되었을까요? 우선 로봇 측은 인간에게 화해의 사절단을 보냅니다. 인간의 미소와 평화를 흉내 낸 호의를 담은 사절이었죠. 하지만 인간은 그들에게 대항했고, 전쟁이 일어납니다. 로봇 국가에 핵무기를 퍼붓고 그들의 에너지원을 없애기 위해 태양광을 차단하는 최후의 수단까지 동원하죠. 하지만 끝내 로봇에게 패배합니다. 이후 제로원이 보낸 두 번째 사절의 모습은 너무나 인상적입니다. 인간을 흉내 낸 안드로이드의 모습이 아닌 로봇 그 자체로, 인간적인 면은 하나도 없는 로봇의 모습은 소름이 끼칠 정도입니다.

로봇에게 패배한 인간은 노예로 추락합니다. 육체는 생체전지로 쓰이고 정신은 가상현실 매트릭스에 갇히죠. 이 매트릭스는 데카르트가 소환했던 바로 그 악마와 흡사합니다. 철학자 데카르트는 한없이 의심했습니다. 눈에 보이는 것, 감각하는 모든 것을 의심하기 위해 '아주 교활하고 전능한 악마가 나를 속이고 있다면'이라는 가정을 했어요. 그렇습니다. 보고 있는 이 모든 것이 거짓일 가능성을 우리는 부정할 수 없습니다. 그것이 데카르트가 사용한 인식론의 방법이었던 거죠.

데카르트의 방법적 회의와 성찰

데카르트 철학에서 가장 중요한 것은

바로 '데카르트의 회의'라고 불리는 의심의 방법입니다. 혹은 **'방법적 회의'**라고도 불리는데, 이 의심의 방법을 설명하는 것이 데카르트를 이해하는 시작점이라 할 수 있습니다.

데카르트는 철학의 확고한 기초를 세우려 했어요. 그러기 위해서 데카르트가 생각한 방법은 '의심할 수 있는 건 모조리 의심한다'는 방침이었습니다. 의심하는 과정에 다소 시간이 걸릴지 모른다고 예견한 그는, 의심을 감행하는 동안에 자신의 행동을 규제하기 위해 대부분의 사람들이 수용한 규칙을 따르기로 결심했어요. 만약 데카르트가 이러한 결심을 하지 않았다면 그의 생활이 모두 의심으로 뒤흔들리고 말았을 것입니다.

그가 가장 먼저 회의한 것은 '감각'이었습니다. 데카르트는 "나는, 내가 여기 실내복을 입은 채 난롯가에 앉아 있는 상태를 의심할 수 있을까?"라고 질문합니다. 그리고 '가능하다'고 답합니다. 가끔 침대에 누워 자면서 난롯가에 앉아 있는 꿈을 꾸곤 했기 때문입니다.

감각을 의심하는 것은 매우 중요해요. 내가 눈으로 보는 것, 만지는 것, 코로 맡는 것, 혀에 닿는 맛 등의 여러 감각들을 의심하는 것은 감각의 대상이 실재가 아니라고 인식하는 것입니다. 예컨대 지금 내 눈앞에 보이는 창가의 빨간 장미의 색깔이 빨간색이 맞는지 의심할 수 있어요. 내 눈에 보이는 장미는 빨간색이지만 '색'이란 무엇일까요? 엄격히 말하자면 지금 보고 있는 건 저 장미라는 식물에 부딪혀서 반사된 빛을 보고 있는 것입니다. 그 빛이 우리에게 전달하는 정보가 바로 빨간색이죠.

하지만 장미를 비추는 조명의 색을 바꾸면 장미의 색깔도 다르게 보입니다. 즉 장미가 빨간색이라는 것은 언제든 의심할 수 있습니다.

데카르트는 여기에서 한 발 더 나아갑니다. '나'는 꿈속에서 난롯가에 앉아 있을 수도 있고 혹은 미치광이처럼 환각을 보고 있을 수도 있습니다. 사람은 가끔씩 헛것을 보거나 눈이 침침해지기도 하는 등 환시나 환각에 빠지기도 하므로 '시각'이라는 감각을 완전히 믿을 수는 없어요. 꿈이나 환각은 모든 사물과 감각의 대상을 실체로 믿게 만들기 때문이죠.

그렇다면 수학과 기하학은 어떨까요? 설령 꿈이라 할지라도 '2+2=4'라는 수학의 명제는 불변하는 사실이 아닐까요? 넓이, 크기, 수와 같은 관념적인 존재는 믿을 수 있지 않을까요? 데카르트는 이와 관련해서 악마를 소환하기에 이릅니다. 이것이 바로 '데카르트의 악마'입니다.

전능할 정도로 교활하고 속이기를 일삼는 악마가 있어서

'2+2'를 계산할 때 나를 실수하게 만든다면? 어쩌면 내가 본 모든 것과 경험, 기억이 악마가 보여주는 거짓된 세상이나 환상이라면? 그 악마가 전능해서 내가 가진 생생한 기억들과 이 정교한 세계의 모든 것을 불과 1분 전에 조작한 것이라면 그걸 아니라고 부정할 수 있을까? 데카르트는 의심하고 또 의심했습니다. 마침내 세상 모든 것이 의심 가능한 것이 되었습니다.

여기에서 데카르트의 생각이 번뜩이기 시작합니다. 내가 의심하고 있는 동안에도 나는 의심할 수 없는 대상을 찾고 있습니다. 만약 악마가 아무리 전능하고 교활하다 해도 내가 존재하지 않는다면? 만약 내가 '없다'면 악마는 나를 기만하지 못할 것입니다. 그렇다면 '나'는 무엇일까요? 악마가 지금 속이고 있는 '나'는 어떤 존재일까요? '나'는 육체일까요? 그럴 수는 없습니다. 육체조차 환상일 수 있으니까요. 하지만 육체와 정신은 다릅니다. 정확히 말하면 사유(思惟)는 다르죠. 내가 의심하는 동안에도, 의심하고 '있는' 나만큼은 의심이 불가능합니다. 데카르트는 이렇게 말합니다.

내가 모든 것이 거짓이라 생각하고 싶어 하는 동안에도, 그렇게 생각한 무엇으로서 나는 반드시 존재해야 하기 때문이다. 나는 생각한다. 그러므로 존재한다. 이 참된 주장은 너무 강하고 확실해서 회의론자들이 아무리 허황된 사정으로 뒤집으려

해도 뒤집지 못한다. 따라서 나는 이 명제를 그토록 찾아 헤매던 철학의 제일 원리로서 주저 없이 수용하겠다.   《방법서설》

이 구절이야말로 데카르트 인식론의 핵심으로 그의 철학 체계에서 가장 중요한 면이라 할 수 있습니다. 데카르트의 "나는 생각한다, 그러므로 존재한다(Cogito ergo sum)"라는 논증을 코기토 명제라고 하고, 그 논증에 이르는 과정이 바로 '방법적 회의'입니다. 조금 더 과정을 축약해서 말하자면 '의심하고 있는 나'는 의심할 수 없는 대상이라는 것이죠. 나를 의심하는 순간, 동시에 나는 의심하고 있습니다. 사유하는 자신은 의심할 수 없습니다. 그러므로 존재한다는 것입니다.

데카르트는 어떻게 존재를 증명했을까

──────────── 데카르트 이후 대부분의 철학자들은 인식론에 중요한 의미를 부여했습니다. "나는 생각한다, 그러므로 존재한다"라는 주장은 물질보다 정신을 우위에 두었고, 타인의 정신보다 나의 정신을 더 확실한 존재로 만들었죠.

버트런드 러셀은 《서양철학사》에서 성 아우구스티누스가 '나는 생각한다(Cogito)'는 명제와 흡사한 논증을 벌써 제시했었다는 사실을 상기시켜요. 하지만 아우구스티누스에 대해서는 그가 논증의 성격을 분명하게 밝히지 않았고, 논증을 통해 해결하려던 문제도 그의 사상에서 극히 일부분을 차지했을 뿐이었다고 말합니다. 그러면서 러셀은 '나는 생각한다'는 논증의 철학적 의미를 밝혔다는 점에서 데카르트의 독창성은 인정해야 한다고 덧붙입니다. 하지만 데카르트의 위대하고 독창적인 논증은 애석하게도 여기까지입니다. 대부분의 현대 철학자들은 데카르트에서 유래한 문제 구성방식을 기꺼이 수용하지만, 그의 해결책은 수용하지 않습니다.

지금부터는 데카르트 특유의 연역적인 추론 과정을 통해 그의 철학 세계를 좀 더 확장시켜 나가보겠습니다. 건물에 비유하자면 데카르트의 철학사상에 대한 단단한 기초 공사를 마쳤으니 이제는 지식과 사상의 체계라는 이름의 빌딩을 세우려는 것입니다.

데카르트에 따르면 존재한다고 입증된 '나'는 생각하는 동안에만 존재한다는 사실에서 추론되었으므로, 만약 내가 생각하기를 멈춘다면 나의 존재를 증명할 증거도 없어집니다. 즉 생각하지 않으면 존재하지 않습니다.

그리고 데카르트는 스스로에게 묻습니다. "왜 '나는 생각한다'라는 명제가 자명한 진리인가?" 데카르트는 이 질문에 대한 답으로 "그 명제가 명석하고 판명하기 때문이다"라고 말합니다. 이후에는 다음과 같은 일반 규칙이 채택되는 것입니다. "우리가 아주 명석하고 판명하게 생각한 내용은 모두 진리다."

이런 삼단논법을 통해 데카르트는 '명석하고 판명하게 내가 아는 것은 모두 참'이라는 일반적 규칙을 확립했습니다. 앞서 말했듯 코기토, 그러니까 "나는 생각한다. 고로 존재한다"가 참이므로 그로부터 추론된 것들은 참이며, 이 명제의 내적 명증성을 범례로 해서 그것과 동일한 명증성을 참이라 할 수 있다는 겁니다. 여기에서 데카르트는 그의 책 《방법서설》에서 명증성의 의미를 딱히 정의 내리지는 않습니다. 그저 "더 이상 의심할 수 없는 것"이라고 추후에 설명했을 뿐이에요.

코기토는 참, 코기토에서 추론된 것들도 과정만 논리적이라면 참, 명증성에서도 같은 명증성을 지녔다면 참. 하지만 이것만으로 외부의 모든 관념이 참인 것은 아니죠. 예를 들어서 우리의 감각에 의하면 지구는 태양보다 크지만 이는 참이 아닙니다.

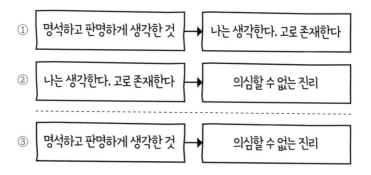

① 명석하고 판명하게 생각한 것 → 나는 생각한다. 고로 존재한다

② 나는 생각한다. 고로 존재한다 → 의심할 수 없는 진리

③ 명석하고 판명하게 생각한 것 → 의심할 수 없는 진리

여기서 '태양은 지구보다 크다'라고 하는 올바른 인식의 기초가 되는 관념을 데카르트는 '**본유관념**(本有觀念)'이라고 불렀습니다. 신은 그러한 본유관념입니다. 즉 신의 관념이란, 어떤 유한한 실체를 표현하는 관념이 아닌 본유적 실재

[본유관념]
태어나면서부터 인간 정신에 내재해 있는 관념. 생득관념(生得觀念)이라고도 한다. 플라톤이 말한 '영혼'과 데카르트가 말한 정신에 내재한 모든 관념이 본유관념과 본질적으로 연결된다.

성을 갖춘 관념인 것입니다. 그러므로 이 관념 내의 실재성이나 완전성에 대한 증명은 존재하는 신에 의해서가 아니면 깊이 인식될 수 없습니다. 신 그 자체는 우리 인식의 본유관념 속에 존재하며, 또 그것을 매개로 하여 물체의 존재도 증명됩니다. 이것이 바로 '데카르트식 신의 존재증명'이죠.

데카르트의 이러한 인식론은 구성적인 면에서는 초기 '방법적 회의'에 비해 파괴력이 많이 뒤떨어집니다. 데카르트는 신을 선한 존재로 규정하고, 자신이 의심의 근거로 상상했던 교활한 악마처럼 행동하지 않는다고 말합니다. 의심할 때는 그토록 빛나던 데카르트가 정작 신의 존재증명에서는 아무런 근거를 제시하지 않고 **스콜라 철학**의 격률을 그대로 답습하는 데에 머문 것입니다. 그렇게 데카르트의 철학은 일

[스콜라 철학]
기독교 신앙을 체계적으로 정리하고 논증하는 중세 철학

관성을 잃고 말았습니다. 그럼에도 불구하고 철학사에서 데카르트가 사상적 원천이자 불멸의 존재라는 점은 부정할 수 없는 사실입니다.

데카르트의 악마와 매트릭스의 방법론

그렇다면 '데카르트의 악마'라고 할 수 있는 매트릭스는 어떤 식으로 인간에게 환영을 보여줄까요?

매트릭스는 정교하게 구성된 시뮬레이션입니다. 컴퓨터 게임이나 VR 체험 같은 걸 해보면 쉽게 이해할 수 있는데요. 현실을 그대로 복사해놓은 것 같은 가상의 세계는 마치 꿈속 세계를 구현한 것처럼 느껴지기도 하는데 이런 종류의 게임세계를 '샌드박스'게임이라고도 합니다. 높은 수준의 자유도를 보장하는 시뮬레이션의 일종이죠. 유저는 가상현실의 세계에서 나의 아바타를 조종하며 실제와 비슷한 기분을 느낄 수 있습니다. 이처럼 매트릭스도 꿈이나 환상을 컴퓨터 그래픽과 물리엔진과 논리를 동원해 시뮬레이션한 세상이라고 할 수 있죠. 다른 게 있다면, 매트릭스는 그 완성도가 너무나도 높아서 매트릭스와 현실을 구분할 수 없을 정도로 정교하다는 거죠. 마치 데카르트의 악마가 보여주는 세상처럼, 혹은 장자가 꿈에서 나비가 되었다

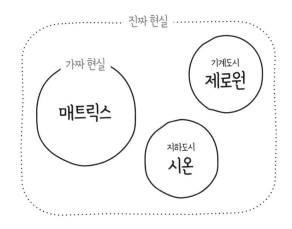

는 그 꿈처럼.

인간은 목 뒤에 뚫린 구멍을 통해 기계와 연결되고, 뇌는 본격적으로 시뮬레이션의 세계, 매트릭스로 들어가게 됩니다. 현실에서 인간은 기계들의 생체전지 역할을 하고 있어요. 마치 건전지를 충전하는 것처럼 실재하는 육체는 기계장치가 만든 작은 요람 같은 곳에서 영양분만 공급받으며 진짜 같은 꿈을 꾸고 있습니다. 바로 현실을 그대로 묘사한 실제 같은 시뮬레이션에서의 꿈이죠.

만약 모든 사람이 데카르트 같다면 매트릭스를 쉽게 파악했겠죠. 하지만 보통의 사람들은 그렇게까지 예민하지 못합니다. 영화가 보여주는 매트릭스의 세계는 너무나 정교해서 그걸 파악해내는 것이 오히려 괴이할 정도예요.

빨간 약과
파란 약

──────── 그렇다면 영화 〈매트릭스〉의 주인공 네오는 어떻게 매트릭스의 본질을 알게 될까요? 네오는 트리니티와 마주치고, 이후 모피어스의 인도를 받습니다. 이때 모피어스는 네오에게 알약 두 개를 건넵니다. 바로 빨간 약과 파란 약입니다. 빨간 약을 먹으면 진실을 알 수 있고, 파란 약을 먹으면 모피어스와 만났다는 사실은 잊고 다시 평범하게 살아갈 수 있습니다. 다만 대가는 명확합니다. 빨간 약을 먹으면 다시는 원래 세계로 돌아갈 수 없습니다.

인식이란 기묘하고 깊은 것입니다. 데카르트는 코기토 논증을 인식한 이후로는 코기토에서 벗어날 수 없었을 것입니다. 인간의 인식이 확장되는 것은 곧 기존 세계의 파괴를 의미하기 때문입니다. 우리가 어떤 새로운 인식에 다다랐을 때, 해당 인식은 기존의 세계를 파괴합니다. 즉 '지구는 돈다'는 인식에 다다른 갈릴레이는 '지구는 정지해 있다'는 기존의 세계를 파괴한 것입니다. 이미 '지구는 돈다'는 사실을 인식했기에, 그 이전으로는 돌아가지 못합니다. 마찬가지로 데카르트의 인식도 파괴적입니다. 이미 그는 '생각하는 나'는 의심할 수 없는 존재임을 인식했고, '모든 것을 의심하던' 과거의 세계를 파괴한 것입니다.

인식은 같은 그림도 전혀 다른 그림으로 만듭니다. 착시 효과가 있는 그림을 예로 들어볼
까요. 오른쪽 그림은 검은 목
도리를 한 젊은 여성으로도
보이고, 매부리코를 지닌 노
파로도 보입니다. 제 눈에는
항상 이 그림이 젊은 여성으
로 보였습니다. 아무리 봐도
노파로는 보이지 않았습니
다. 그러다 어느 순간, 그림
을 가만히 살피다가 마침내
노파로 보이는 지점을 발견
했습니다. 그 후로 그림을 보
면 젊은 여성의 모습은 보이지 않았습니다. 어떤 각도에서, 어
떤 순간에 봐도 노파로만 인식되었습니다.

네오도 인식이 바뀌는 약, 빨간 약을 골랐습니다. 그리고 진
실을 알게 됩니다. 매트릭스 밖의 세계가 진실이고, 매트릭스는
시뮬레이션이라는 것을. 매트릭스가 가짜임을 인식한 순간부
터 네오는 더 이상 매트릭스에서 살아갈 수 없게 됩니다. 마치
우물 밖을 나온 개구리가 우물 안 풍경이 세상의 전부라 믿었던
그때로 돌아갈 수 없는 것처럼.

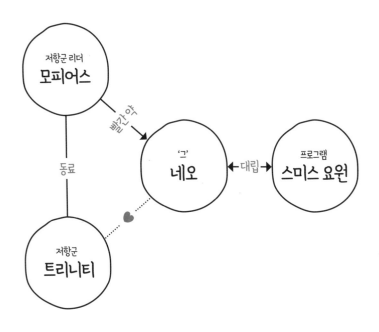

매트릭스 속
인식론의 세계

———————— 네오가 예언자 오라클을 찾아갔을 때 만난 한 어린아이는 숟가락을 자유자재로 구부리고 있었습니다. 그 모습을 본 네오가 '어떻게 숟가락을 구부릴 수 있는지'에 대해 궁금해하자, 아이는 숟가락을 구부리겠다는 생각을 하지 말라고 충고합니다. 그리고 인식해야 할 것은 진실이고 그 진실은 바로 "그곳에는 숟가락이 없다"는 것임을 일깨워줍니다.

모피어스   진짜가 뭐지?

　　　　　'진짜'가 뭔지 어떻게 정의를 내리지?

　결국 '진짜'를 찾는 과정, 데카르트의 방법적 회의를 영화적으로 표현하는 것으로 볼 수 있습니다. 네오는 점차 '진짜'에 대한 의미를 파악해갑니다. 아는 것과 이해하는 것은 다른 것입니다. 네오는 어린아이의 말을 듣기 전에도 이 매트릭스가 가짜라는 사실을 '알고' 있었습니다. 하지만 매트릭스를 이해한 건 아닙니다. 그렇기에 눈앞에 있는 숟가락을 의심하지 못합니다. 그의 시각이, 촉각이 "이건 숟가락이야"라고 말해주고 있으니까요. 만약 네오가 "그곳에는 숟가락이 없다"는 아이의 말을 이해했다면, 아이가 숟가락을 구부리는 것이 이상하지 않았을 것입니다. 이곳은 현실이 아니라 매트릭스고, '숟가락처럼 보이는 것'은 실재하지 않으니까요.

　네오는 매트릭스를 인식했지만 여전히 그에게는 기존의 세계, 즉 선입견이 있습니다. 눈에 보이는 것과 감각은 여전히 네오를 방해합니다. 요원들이 쏘는 총을 두고 머리로는 '총알이 없다'고 인식하지만, 정작 굉음과 함께 발사되는 총알을 무시하지 못하죠. 인지함으로써 그것은 실재하게 됩니다. 왜냐하면 매트릭스의 세계는 인지의 세계이기 때문입니다.

　스미스 요원과 벌인 지하철에서의 마지막 승부에서 네오는 죽음을 경험하고 부활합니다. 중요한 것은 네오의 변화입니다. 네오는 어떻게 죽음을 극복했을까요? 마지막 순간에 마침내 알아차린 것이죠. 매트릭스의 모든 것이 거짓이고, 오직 자신만이 진실임을.

이제 네오는 현실을 초월합니다. 매트릭스의 세계는 '그곳에 없다'라는 본질을 깨달았기 때문입니다. 그 세계는 복잡한 코드로 시뮬레이션이 된 세계였고, 네오는 그 세계를 조작할 능력을 얻게 됩니다.

영화 〈매트릭스〉는 인식함으로써 세상의 진실을 알게 되고, 이로 인해 세상이 변한다는 식의 인식론의 세계에만 머물지 않습니다. 흔히 장자의 '호접몽'과 비유하기도 하지만, 그보다는 더 포스트모더니즘적입니다. 인식을 넘어선 세상에 대해서, 복제의 가치에 대해서 말하고 있기 때문입니다. 대표적으로 언급해야 할 인물이 바로 '사이퍼'라는 친구입니다. 사이퍼는 느부갓네살 호의 선원이자 모피어스의 동료 중 한 사람입니다. 하지만 사이퍼는 '빨간 약'을 선택한 걸 후회합니다. '빨간 약', 즉 '진실'을 거부한다는 것은 가능할까요? 진실을 알고도 이미 인식한 세계를 거부할 수 있을까요? 진실은 거짓보다 우월한 것이 아니었던가요? 이러한 질문에 사이퍼는 스테이크를 먹으면서 답합니다. 개인적으로는 영화 〈매트릭스〉에서 가장 흥미로운 장면이에요.

사이퍼는 아주 먹음직스러워 보이는 스테이크를 썹니다. 그리고 그걸 가만히 바라보며 이렇게 말합니다.

사이퍼 　이게 진짜가 아니란 걸 알아요. 입에 넣으면 매트릭스가 내 두뇌에 맛있다는 신호를 보내주겠죠.

맞습니다. 비록 그곳에 스테이크는 없지만 입에 넣으면 혀에 감촉이 느껴지고 썹을 때 어금니의 신경이 반응하며 터져나오는 육즙을 음미할 것입니다. 그것은 '데카르트의 악마'처럼 너무나도 완벽한 시뮬레이션이기 때문에 믿을 수밖에 없습니다. 어쩌면 현실 속 스테이크보다도 더 맛있을지도 몰라요. 무엇이 진짜 '맛'인가, 기계에 불과한 매트릭스가 '맛'을 어떻게 알고 있는가, 만약 매트릭스가 '맛'을 이해했다면 매트릭스는 '맛의 궁극'도 구현할 수 있는가 하는 질문들은 차치하고서라도 말이죠.

분명 사이퍼는 진짜 세계를 아는 극소수의 사람입니다. 하지만 매트릭스 속에서 추구하는 가치로 인생을 리셋하고자 하는 욕망이 있기 때문에 진짜 세계의 저항 세력들을 없애고자 합니다. 사이퍼는 주인공을 위기에 빠뜨리기 위한 영화의 장치 중 하나로 보이지만, 이는 '사회 속의 사이퍼'를 깨닫게 하는 중요한 역할을 합니다. 우리 사회 속에도 사이퍼와 같은 이들이 있습니다. 자신의 이익을 위해서는 언제든지 타인을 저버릴 수 있는 사람들, 현실 세계에서 가짜 자신을 만드는 사람들, 허황되고 왜곡된 세계의 거짓된 자신을 부풀리고자 하는 사람들. 이 모두가 바로 우리 사회 속의 사이퍼입니다. 이런 이들은 정직하거나 진실을 추구하는 평범한 사람들을 비웃거나 찍어누르려고 하죠. 마치 사이퍼가 시온을 배반하고 그들을 위기로 몰아넣듯.

진실에는 어느만큼의 값어치가 있을까?

———————— 우리가 살아가는 현실에서 진실은 어떤 가치가 있을까요. 만약 그럴듯하게 만들어진 가짜가 진짜보다 더 나은 경험을 제공한다면, 우리가 진짜를 고집해야 하는 이유가 있을까요? 저는 진짜 '모나리자' 그림을 본 적이 없습니다. 여기서 의문이 듭니다. 잘 프린팅된 가짜 '모나리자', 즉 복제품과 루브르 박물관에 있는 진짜의 차이는 뭘까? 진짜를 보면 휘황찬란한 아우라가 쏟아지기라도 한단 말인가? 만약 눈앞에 진짜 모나리자 그림이 있어도 누군가가 "이 그림은 진품입니다"라고 보증해주지 않는다면 저는 가짜와의 차이를 느끼지 못할 것입니다.

사실 무엇이 진짜이고 무엇이 가짜인지를 구분하는 것조차 쉽지 않습니다. 눈에 보이는 대부분의 것들은 복제품이거나 거짓된 것들입니다. 영화 역시 복제입니다. 디지털로 만드는 영화들은 그저 데이터 덩어리예요. 우리는 진짜와 가짜를 구분하고, 원본과 복제품을 구분하는 것이 의미가 없는 세상에서 이미 살아가고 있습니다. 그렇다면 가치의 문제가 남게 되죠. 실재하는 현실과 가상현실 중 어느 것이 더 가치가 있을까요?

온라인 게임이 처음 나왔을 때, 게임 아이템을 사는 데 돈을 쓴다는 사실이 쉽게 받아들여지지 않았습니다. 하지만 오늘날은 너무나 당연시되고 있습니다. 데이터 덩어리, 코드 몇 개에 불과한 것에 우리는 현실의 돈을 씁니다. 가상의 나를 위해서, 가상현실에서의 내 삶을 위해서 우리는 현실의 나를 소비하며 살고 있습니다.

〈매트릭스〉에서 보여주는 현실, 느부갓네살 호와 매트릭스를 탈출한 인간들의 도시 '시온'의 현실은 안타까울 정도로 열악합니다. 느부갓네살 호의 선원들은 아무런 맛도 느껴지지 않는 죽을 억지로 먹어요. 그런 삶보다는 매트릭스의 거짓된 삶이 더 안락과 풍요를 줄 것 같습니다. 당신이라면 모피어스의 빨간 약과 파란 약 중 무엇을 선택하겠습니까?

누군가는 그럼에도 진실이, 진짜가 더 중요하다고 말할지도 모릅니다. 고난을 겪더라도 시온의 삶이야말로 자유를 추구하는 위대한 삶이라고 역설할지도 모릅니다. 마치 모피어스처럼 말이죠. 하지만 영화는 그런 당신을 위한 반전을 준비하는 것을 잊지 않았습니다. 사실 시온은 가짜였습니다. 시온은 기계들이 매트릭스를 자각한 '버그'들을 정리하기 위해 만들어놓은 인위적인 공간에 불과했죠.

과연 진실은 어떤 가치를 갖고 있을까요?

거짓도 참으로 만드는 것, 믿음과 인식

〈애니매트릭스〉는 옴니버스 애니메이션으로 매트릭스 세계관의 매력적인 설정을 잘 드러낸 수작이다. 총 9개의 단편으로 구성되었는데 실험적이고 다양한 아이디어로 깊은 인상을 남겼다. 그중 흥미로운 두 개의 에피소드를 좀 더 들여다보자.

하나는 〈꼬마 이야기〉라는 에피소드다. 주인공은 마이클 칼 포퍼인데 바로 〈매트릭스: 리로디드〉와 〈매트릭스: 레볼루션〉에 '꼬마'로 등장하는 인물이다. 원래 매트릭스 안에서 '꼬마'는 스케이트 보드를 좋아하는 평범한 고등학생이었는데, 늘 학교 옥상에서 떨어지는 꿈을 꾸다가 매트릭스를 자각하게 된다. 매트릭스를 자각해 요원들에게 쫓기게 된 소년이 선택한 것은 학교 옥상에서 떨어지는 것이었다. 설정상 매트릭스 안에서의 죽음은 정신의 죽음을 의미하고, 정신의 죽음은 곧 육체의 죽음, 생명의 죽음을 의미하기에 이는 네오도 시도하지 못할 정도로 아주 위험한 행동이었다. 간혹 높은 곳에서 떨어지는 꿈을 꿀 때 화들짝 잠에서 깨어나는 것처럼 소년은 매트릭스라는 악몽에서 깨어나기 위해 투신을 선택한 것이다.

매트릭스의 세계는 데카르트의 악마, 혹은 정교하게 구현된 꿈과 같은 것이다. 마치 꼬마가 매트릭스를 자각하고 현실로 돌아오는 것을 꿈에서 깨어나는 듯 묘사한다. 영화에서도 최초로 매트릭스에서 깨어난 네오는 마치 오랜 잠에서 깨어난 사람처럼 보인다. 그런데 아무리 가상의 세계, 꿈이라고 해도 그것을 진짜라고 믿어버리면 실제로도 죽을 수 있다. 거짓도 진짜라는 '믿음'을 가진다면 진짜와 다를 바 없이 '인식'할 수 있다는 것은 의미심장하다.

꼬마가 선택한 투신이 꿈에서 깨어나기 위한 극단적인 방법이라면, 전혀 다른 방식으로 매트릭스를 인식하는 경우도 있다. 〈세계기록〉이라는 에피소드에서는 댄 데이비스라는 이름의 육상선수가 등장한다. 그는 극한으로 자신의 육체를 단련하고 마침내 인간의 한계를 극복하게 된다. 그리고 그 순간, 댄 데이비스의 눈에는 다른 것들이 보이게 된다. 0과 1로 프로그래밍된 세상. 댄 데이비스는 신체능력을 극한으로 끌어내서 매트릭스를 자각한 것이다.

그전에는 이성, 감성, 직감 같은 것으로 매트릭스를 인식할 수 있다고 여겼다. 그런데 댄 데이비스는 육체적인 한계에 도전해서 매트릭스를 직시할 수 있는 '직관'을 얻은 것이다. 한계를 넘어서겠다는 인간의 욕망은 곧 자유를 향한 인간의 의지다. 댄 데이비스의 이러한 의지와 노력이 그로 하여금 매트릭스를 직관할 수 있는 능력에 이르도록 유도한 것이다. 우리가 정신을 가다듬고 지식을 쌓는 데에 노력하는 것만큼 신체를 단련하고 향상시키려 노력하는 것 역시 우리를 더 나은 존재로 발돋움하게 만드는 길이라는 걸 새삼 생각해보게 된다.

이처럼 극단에 이르는 길은 서로 다르지만 도달하는 곳은 하나인 것은 아닐까? 마치 진리에 이르는 길은 서로 다르지만, 진리 자체는 언제나 같은 것처럼. 그렇기에 우리 모두가 데카르트의 방식에 기대어서 '의심할 바 없는 진리'를 파악할 필요는 없다. 우리가 이 무지의 잠에서 깨어날 수 있는 방법은 다양하기 때문이다.

데카르트 René Descartes, 1596~1650
근대철학의 아버지

데카르트가 살았던 시대는 오랜 전쟁으로 인해 사람들이 큰 고통을 받고 있었고, 사회가 불안했기 때문에 신비주의와 미신이 널리 퍼져 있었다. 이러한 시대에 데카르트는 합리주의 운동의 선구자로 떠오르면서 중세의 낡은 사고방식과 세계관에서 벗어나 새로운 세계로 나가는 데 결정적인 역할을 했다.

1642년경부터 데카르트는 크게 주목을 받으며 명성을 얻기 시작했다. 1649년에는 스웨덴의 크리스티나 여왕의 초빙을 받아 스톡홀름에 부임해 여왕에게 철학을 가르쳤다. 처음에는 스웨덴에 가기를 주저했으나 여왕이 친히 배를 보내 그를 데려오려 하자 어쩔 수 없이 스웨덴에 부임한다.

그러나 크리스티나 여왕이 데카르트에게 내준 시간은 아침 5시였다. 정오까지 자는 습관을 가졌던 데카르트에게는 곤욕스러운 일이었다. 결국 건강이 악화된 그는 향년 54세에 폐렴으로 사망했다. 얄궂게도 그가 여왕을 가르치던 수업 장소인 도서관은 몹시 추웠다고 한다. 여왕이 병약한 데카르트를 위해서 따뜻한 난로가 있는 방에서 수업하도록 허락해줬다면 그의 운명은 달라질 수 있지 않았을까?

한편 그의 죽음과 관련해서는 독살설도 있다. 스톡홀름에서 활동하던 프랑스 가톨릭 선교사 자크 비오그 신부가 데카르트의 '불온한' 사상이 스웨덴 여왕에게 영향을 미치게 될 것을 우려해 영성체 빵에 독극물을 발라 데카르트에게 주었다는 설이다. 진실은 알 수 없지만 그의 이른 죽음은 참 아쉬운 일이다.

Chapter 5

봉준호,
정반합
그리고 헤겔

기생충

×

헤겔

기생충
Parasite

감독 봉준호 **개봉** 2019년

반지하에서 살아가는 기택네 가족의 삶은 그저 고단하기만 하다. 마침 장남 기우는 친구의 도움으로 부잣집 과외 자리를 얻게 된다. 여동생 기정이 만들어준 가짜 명문대 졸업장으로 기우는 박동익 사장과 연교의 딸 다혜를 만나 첫 수업을 성공적으로 마친다. 기우는 다혜의 남동생 다송이의 그림 선생님으로 기정을 추천하고, 기정은 '제시카'라는 가명으로 다송과 연교를 휘어잡는다. 이어서 기정은 꾀를 써서 새로운 운전기사로 아버지 기택을, 새로운 가사도우미로 어머니 충숙을 일하게 한다. 이렇게 반지하 가족은 완벽하게 박 사장네 집에서 기생하는 데에 성공하게 되는데….

2019년부터 2020년 초까지, 한국 영화계는 마법에 걸린 것 같았습니다. 봉준호 감독의 영화 한 편에 세상이 흔들리는 것을 느꼈기 때문이죠. 칸 영화제 황금종려상, 아카데미 시상식 작품상 및 4관왕에 빛나는 영화 〈기생충〉은 영화를 다루는 능력이 정점에 달한 봉준호가 그 기량을 유감없이 선보인 작품이죠. 한국 영화사에서 가장 빛나는 작품이라 불러도 부족함이 없을 영화입니다. 봉준호 감독은 그야말로 세계 영화계를 휩쓸어버렸고, 이 영화의 위대한 업적은 계속해서 칭송받을 것입니다.

봉준호의 영화가 세계 무대에서 좋은 평가를 받은 것은 처음이 아니지만, 유독 〈기생충〉은 세계 각국 평론계의 찬사는 물론이고 대중적인 인기까지 거머쥐었습니다. 왜 〈기생충〉이 특별했을까요?

이에 대해 봉준호 감독은 제 92회 아카데미 시상식에서 "가장 개인적인 것이 가장 창의적인 것"이고 이는 위대한 마틴 스콜세이지의 말이라고 덧붙였습니다. 세계 어디를 가도 민족, 문화, 언어, 풍습이 다르지만 개인이라는 자연적인 여건 자체는 다르지 않죠. 그런 면에서 봉준호 감독은 개인인 자신의 안에서 어떤 보편성을 이끌어 낸 것으로 스스로를 평가한 것 같습니다.

봉준호 감독이 말한 '개인적인 것'은 한 인간이 성장하고 살아가며 겪는 경험과 얻어내는 지식, 사유와 선택과 행동의 총합으로서의 개인을 의미합니다. 그런 의미에서 봉준호는 상당히 개별적이고 특수한 존재예요. 대한민국이라는 특수한 환경에서 태어나 입시 교육을 받고, 대학에 진학한 후 영화감독의 길을 걸었던, 안정적인 직업을 선호하는 한국 사회에서 독특한 이력을 지닌 사람입니다. 그런 그가 지닌 개별적인 특수성을 보편적인 이야기 형태로 표현했기 때문에 그는 세계적인 감독이 될 수 있었습니다. 그가 만든 이야기는 세대를, 이념을, 국경과 언어와 문화와 인종의 장벽을 넘어섰습니다. 그 초월성이야말로 봉준호가 말한 또 하나의 언어, '시네마'입니다.

변증법의 보편성

—— 봉준호의 영화 〈기생충〉이 지닌 초월적인 보편성을 보면서 떠오르는 철학자가 있습니다. 압도적일 만큼 방대한 체계 안에서 감각, 이성, 정신과 종교와 절대지(知)를, 그리고 역사

를 사유했던 철학자. '변증법'으로 잘 알려져 있는 게오르크 빌헬름 프리드리히 헤겔입니다.

헤겔은 변증법으로 세계를 논했습니다. 특히 그의 주인과 노예의

변증법을 알면 〈기생충〉이 더 흥미롭게 느껴져요.

헤겔은 《정신현상학》에서 '주인과 노예의 변증법'을 제시합니다. 이 '주인'과 '노예'가 등장한 배경에는 계몽시대의 철학적 논의부터 살펴봐야 해요. 당대의 철학자들은 사회가 형성되기 이전의 인간 상태, 이른바 **자연상태**에서 인간이 어떻게 관계를 형성하는지 관심을 가졌는데 헤겔은 여기에서 '목숨을 건 투쟁'을 발견했습니다. 목숨을 놓고, 죽고 죽이는 투쟁을 가정하고 그 안에서 승자와 패자가 나온다는 것이죠. 그 어렵고 독자적이며 난해한 헤겔의 언어를 옮기자면 다음과 같습니다.

한편은 자립적인 의식이며, 그것에서는 대자존재(對自存在, 자기에게서만 있는 것)가 본질이다. 다른 편은 비자립적인 의식이며, 그것에 있어서는 생명 또는 대타존재(對他存在, 타자에 대해서 있는 것)가 본질이다. 전자는 주인이며, 후자는 노예다.

_《정신현상학》

목숨을 건 투쟁에서 한쪽은 죽음에 대한 절대적인 공포감 때문에 스스로 굴복하게 됩니다. 패자는 다른 사람의 승인을 받지 못한 채, 타자를 승인하여 자신의 주인으로 삼고, 자신이 타자의 노예가 되는 것을 인정합니다. 여기에서 승인된 주인은 정신적인, 관념적인 존재이고, 노예는 자연적인 존재이죠.

주인과 노예의 관계 그리고 정반합

──────────────── 목숨을 건 투쟁은 바꿔 말하면 자유를 향한 투쟁인데, 노예가 된 자는 스스로 물질의 위치로 퇴보한 것이고, 자유를 포기한 것입니다. 승자는 자신의 욕구를 초월하였으므로 관념적인 존재이며, 따라서 정신을 실현시키고 있는, 스스로 자립할 수 있는 대자존재라 할 수 있어요.

말이 좀 어렵기는 하지만 쉽게 설명하자면, 주인은 오직 자유를 누리고 물질에 종속되지 않습니다. 노예는 자유를 포기했고 물질에 종속된 존재입니다. 더 거칠게 말하면 주인은 〈기생충〉의 박 사장이나, 절대권력자, 자본주의 사회의 자본가 같은 존재들입니다. 그들은 물질, 즉 생활 자체에서 벗어나 있습니다. 오직 정신적이고 관념적인 존재로 자유를 누린다는 것이죠. 반면 노예는 기택네 같은 노동자라 생각하면 됩니다. 저축도 하고

기생충×헤겔

미래를 대비하지만 오르는 물가에 한숨을 쉬는 사람들로 즉 물질, 돈에 의해 종속적인 존재들인 것입니다.

그렇기에 주인은 독립된 자기의식을 갖지만 이는 노예를 매개로 한 것일 뿐입니다. 관념적 존재인 주인은 사물에 직접 관여하지 않고 노예를 통합니다. 주인은 노예의 승인으로 주인이 되었습니다. 노예가 주인의 힘이 두려워서 주인을 승인한 것이라고 하더라도, 주인을 승인하는 것은 노예의 자유입니다. 즉 노예의 일방적인 승인이 없다면 주인의 자격이 주어지지 않으므로 오히려 노예에게 예속된 존재입니다. 만약 노예가 주인을 승인하지 않는다면 주인은 자유로울 수 없습니다. 이는 노예에게 의존하는 것이죠.

또 주인은 사물을 노예를 통해서만 관여하기에, 노예가 없어지면 향락을 누릴 수 없는 존재가 됩니다. 이 또한 의존적인 존재임을 증명합니다. 아울러 주인은 노예를 사물로서만 받아들였지, 그를 승인하지는 않았습니다. 즉 주인이 노예의 가치를 인정하지 않았지만, 주인은 노예의 승인을 받았습니다. 가치를 인정하지 않는 사물의 승인은 참된 승인이 아닙니다. 내가 가치 없다고 생각하는 존재가 내 정신의 고결함을 인정해주고 칭찬한다 한들, 큰 가치를 느끼지는 못합니다. 누구나 그렇듯 가치를 느끼는 존재가 나를 인정해주기를 원하죠. 그러므로 주인의 상태는 유예된 죽음에 불과해요.

그렇다면 노예는 어떨까요? 노예는 주인을 승인하고, 주인이 누리는 자유와 자립성을 자신의 이상으로 삼습니다. 노예는 목숨을 건 투쟁에서 굴복하여 노예가 되었고, 주인을 승인했지만, 이는 사실 죽음 그 자체에 굴복한 것이지 주인에게 굴복한 것은 아닙니다. 즉 노예는 자기 생존의 수단으로 굴복을 선택한 것입니다.

그렇기 때문에 헤겔에 의하면 주인은 나약한 존재입니다. 언뜻 볼 때는 자립적인 존재처럼 보이지만, 노예가 없으면 향락을 유지할 수 없습니다. 오히려 노예는 노동을 통해서 지속성을 획득할 수 있지만, 주인은 노예에게 점점 더 의존하고, 노예가 없으면 아무것도 할 수 없게 된다는 것입니다.

헤겔에 의하면 노예야말로 노동을 통해 자연의 자립성을 없애고 자신의 자립성을 취하므로, 발전의 계기를 얻게 됩니다. 주인은 발전하지 못하는 존재입니다. 즉 주인은 목숨을 건 투쟁 당시에만 승인된 존재로서 자립적으로 보이지만, 실은 노예야말로 노동을 통해 자립할 수 있는 존재라는 것을 입증하고 있는 셈이죠.

다시 한번 정리하자면, 주인은 노예에게 '승인' 즉 인정받는 위치입니다. 스스로를 생산할 능력이 없고 노예에게 의존합니다. 즉, 주체성이 없어요. 노예는 노동을 합니다. 생산을 하는 것이고, 주체는 노예 그 자신입니다. 즉 주인의 절대권력은 결코

기생충×헤겔

영원하지 않으며 언제고 파멸할
것이라는 걸 뜻합니다. 그리고 주
인에게는 지혜조차 없습니다. 노
동을 알지 못하기 때문이죠. 즉 역
사의 주체가 되는 것은 주인이 아
니라 노예입니다. 그러므로 주인
의 주인은 노예가 됩니다. 그렇게
정(定)과 반(反)은 대립하고 종합
되어 합(合)은 새로운 정이 됩니다.

> **[절대정신]**
> 헤겔 철학의 핵심 개념으
> 로, 이데아가 자기를 전
> 개하는 과정을 수행하는
> 정신이기도 하다. 절대자
> 는 곧 이념, 이데아이며,
> 그 절대자가 외화한 것이
> 현실이고, 종국에는 자신
> 의 진실태에 도달하는데
> 그것이 절대정신이다.

    헤겔이 바라보는 계급과 욕망의 세계는, 그의 방대한 철학체
계의 일부로서 존재하는 것입니다. 그에 의하면 이 세계는 끊임
없이 대립하고 발전하는 과정 그 자체이므로, 주인과 노예의 관
계마저 언제든 역전되고, 종합되는 것이죠. 헤겔의 철학에서 영
원불멸한 것은 오직 **절대정신**이기 때문입니다.

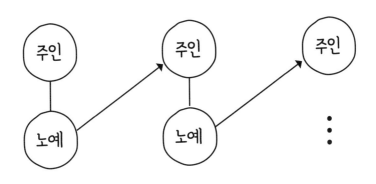

봉준호와
헤겔 철학

───────── 영화감독 봉준호의 작품세계는 인간이 세계 안에서 어떤 결정을 하고 스스로의 존재를 결정하는가를 탐구하고 있다고 정리할 수 있습니다. 그의 작품 〈살인의 추억〉에서 두만은 경찰이라는 자신의 존재 자체를 세계와 부딪치고 있으며, 〈괴물〉에서는 미지의 괴수에 맞서는 가족의 투쟁기를 이야기합니다. 〈마더〉에서 마더는 어머니이자 여자라는 자신의 정체성과 과거의 행위로 규정되는 자신의 존재를 발현하고, 갈등하고, 봉합하는 과정을 겪습니다. 〈옥자〉의 미자는 옥자를 둘러싼 세계의 모순에 정면으로 도전하는 존재입니다. 〈설국열차〉에서 커티스와 남궁민수는 세계를 인식하는 서로 다른 방식을 두고 갈등했죠.

[자기의식]
외계나 타인과는 구별되는 자아로서의 자기에 대한 의식이다. 간단히 말하자면 '나는 나'라는 절대적인 자기 확신이지만, 헤겔은 자기의식이 이런 유아론적인 사고에서 벗어나 '타인'을 인정하며, '나는 우리', '우리인 나'와 같은 보편성을 획득한다고 보았다.

헤겔에 의하면 행위야말로 인간 존재를 확정하는 근거가 됩니다. 인간의 진실한 존재는 행위 속에 있다는 것이죠. 헤겔은 행위야말로 인간에게 상정된 한계를 두 가지 의미에서 극복할 수 있다고 보았습니다. 하나는 육체이며, 다른 하나는 사념입니다. 행동하는 개

기생충×헤겔

인은 존재를 극복하기 위해 존재한다고 할 수 있으며, 행동함으로써 **자기의식**이 무한정한 사념 속에서 끝없이 넋두리를 늘어놓는 데에 종지부를 찍어버립니다.

봉준호의 영화는 언제나 쉬지 않고 움직이고, 격동하는 인간들로 가득 차 있습니다. "여기가 동물의 왕국이냐?"는 말과 함께 날아차기를 날리는 두만은 그 자체로 격동하는 인간입니다. 아들이 충격적이었던 과거의 기억을 떠올리자, 마더는 귀를 막고 비명을 지르며 현실을 부정합니다. 남궁민수는 앞으로 나아가는 일행의 행렬 속에서 옆을 바라보고, 끝내 문을 열어버립니다. 미자는 멈추지 않는 행동의 화신이었습니다.

이러한 격동, 움직임, 행위야말로 봉준호 감독의 영화가 지닌 에너지의 근원이라 할 수 있습니다. 이들은 언제나 반대자들에 맞서 행동하는 존재들이죠. 그리고 그 행위의 결과는 언제나 슬픔, 실패, 부정이 내포된 종합으로 나아간다고 할 수 있습니다. 한바탕 큰 사건을 겪은 이후, 인물들은 새로운 상황에 처하죠. 하지만 봉준호의 세계에서 엔딩은 언제나 뒷맛을 쓰게 남깁니다. 그의 세계에 내재된 반대자가 사라지지 않기 때문이죠. 봉준호의 세계에서 헤겔식의 순환은 긍정됩니다. 그의 주인공들은 다시 갈등과 투쟁을 거쳐야만 해요. 비록 양상은 달라졌겠지만 그들의 투쟁은 영원히 끝나지 않습니다. 봉준호가 제시하는 것은 다음 스테이지로 이동하는 과정을 안내하는 것이죠. 그것이야말로 그의 작품이 지닌 고유의 완결성은 아닐까요.

데칼코마니
가족

── 〈기생충〉의 이야기는 친구 민혁의 추천으로 과외 자리를 얻게 된 기우의 이야기로 시작합니다. 기택의 집안은 처절할 정도의 빈민입니다. 그들은 햇볕이 거의 들지 않는 반지하의 집에서 살아가요. 집에서는 와이파이가 터지지 않아 언제나 스마트폰을 위로, 와이파이가 통하는 곳을 찾아 움직이죠. 위를 향한 그 손짓, 통신을 향한 그 행동들은 마치 상승을 꿈꾸는 듯 애처롭기까지 합니다.

기우는 처음으로 '그 집'을 찾아갑니다. 동익, 보통 '박 사장'으로 불리는 남자의 집이죠. 남궁현자 선생이 지었다는 이 집은, 잡지에 나올 것처럼 완벽한 자태를 뽐냅니다.

여기서 카메라는 의도적으로 '빛'을 잡아냅니다. 〈기생충〉의 가장 큰 특징 중 하나는 계급의 차이를 물리적인 위치로 표현했다는 데에 있습니다. 박 사장의 집은 끝없이 위로 올라가야 있는, 마치 공중정원 같은 모습인 반면에 기택의 집은 반지하입니다. 그리고 근세가 사는 곳은 아예 지하실입니다. 이처럼 서로 다른 계급의 사람들은 서로 다른 위치에 삽니다.

다른 위치가 주는 차이 중에서 가장 눈에 빨리 들어오는 것은 '빛'입니다. 일조량의 차이죠. 박 사장의 집은 빛이 넘쳐나요. 눈이 부실 정도로 쨍쨍한 빛이 쏟아져 내려오고 있죠. 반면 기택의 집은 반지하의 좁은 창으로 빛이 비스듬히 들어옵니다. 근세는? 아예 빛을 볼 수조차 없습니다. 빛의 빈부격차는 이렇게 대단합니다.

반지하의 세계에서 나와 빛의 세계로 들어가는 기우는 자신을 숨길 수밖에 없어요. 철저하게 그들을 속여, 그들의 일원으로 받아들여지도록 행세합니다. 다행히 연교는 기우를 크게 의심하지 않습니다.

공교롭게도 양측의 가족 관계는 비슷합니다. 반지하에 사는 '기택'의 가족은 아내 '충숙'과 아들 '기우', 딸 '기정'으로 구성되어 있어요. 그리고 '동익'의 가족은 아내 '연교', 딸 '다혜', 아들 '다송'의 네 사람입니다. 가족의 숫자와 성별 구조가 같다는 것을 알 수 있죠.

동익의 가족은 상류층입니다. 헤겔식으로 말하자면 '승인된 주인'에 해당됩니다. 이들은 많은 것을 누리면서 살아갑니다. 쏟아지는 햇볕처럼 무제한의 향락을 즐길 수 있어요. 반면 기택의 가족은 앞에서 말했듯 반지하의 궁핍함에서 살아갑니다. 영화의 전반부는 기택의 가족이 동익의 가족에 '기생'하는 과정을 풀어나가죠.

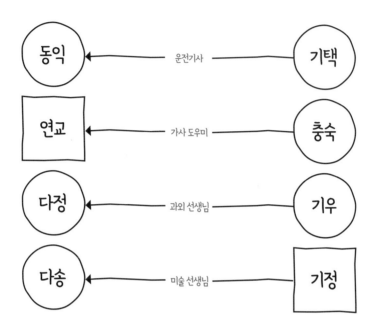

언뜻 보면 동익의 가족과 기택의 가족 사이에는 헤겔식의 주인과 노예의 관계가 적용되는 것으로 보입니다. 동익의 운전기사를 기택이, 연교 대신 가사를 돌볼 가사도우미를 충숙이, 다혜의 공부는 기우가, 다송의 미술 치료는 기정이 맡아요. 기택의 가족은 계속해서 노동을 제공하고, 동익의 가족은 그 노동의 열매만을 맛보죠.

또한 기택의 가족은 동익의 가족을 표면적으로나마 두려워합니다. 자본주의의 관계 맺기에 있어서 고용-피고용의 관계에는, 죽음의 공포만큼이나 무서운 해고의 공포가 도사리고 있기

기생충×헤겔

때문입니다. 피고용인은 고용주에게 복종하게 됩니다. 자본주의의 무서운 계급관계입니다.

그러나 헤겔이 그린 주인과 노예의 변증법에서, 주인에 대한 설명은 현대 자본주의 사회에서는 당장 적용하기 어렵습니다. 자본주의의 주인은 노예를 필요로 하지 않습니다. 놀랍게도 주인은 향락의 노예가 되지도 않습니다. 애초에 노예의 승인조차 필요가 없는 상황입니다. 그걸 적나라하게 보여주는 것이 동익입니다.

동익에게 기택의 가족은 큰 의미가 없는 존재들이에요. 동익은 기택 가족들에게 말을 건네는 일도 드뭅니다. 그저 동익은 기택의 가족들이 선을 넘지 않길 바랄 뿐이죠. 동익은 기택의 가족이 제공하는 노동으로부터 아무런 기쁨도 향락도 얻지 못하고 있습니다. 그 선명한 예가 바로 근세입니다.

지하실에 사는 근세는 동익에게 "리스펙트"를 외치는 인물이고, 언제나 동익을 위해 계단의 전등을 켜주는 일을 했어요. 하지만 동익에게 근세의 노동은 보이지도 않으며, 근세가 제공하는 노동의 결과인 향락은 동익에게는 숨쉬듯 자연스러운 일에 불과합니다. 애초에 요즘 세상에 노예에게 의존적인 주인이 존재할까요? 헤겔이 살던 세상보다도, 지금의 세상은 더욱 각박해졌습니다. 주인에게 노예란 대체 가능한 소모품, 그 이상도 이하도 아닌 것입니다.

넷 중 하나는 불량이다

———— 이 영화의 전반부에는 이런 대사가 나옵니다. "넷 중 하나는 불량인 거지"라는 대사. 마침 가족의 수가 딱 4명인 상황에서 하나는 '불량'이라는 말은 어딘가 의미심장합니다. 이는 견고해 보이는 계급의 벽을 돌파할 수 있는 가능성을 지닌 존재라 할 수 있습니다. 헤겔에게 있어서 주인과 노예의 상태는 불변하는 것이 아니라 궁극에는 '역전'될 가능성을 내재하고 있습니다. 끝내 주인은 자기의 존재 상태를 유지하기 위해 노예라는 타자에게 의존하면서 비자립적인 의식을 가지게 되고, 노예는 노동을 통해 자립적 의식을 획득함으로써 주인과 노예의 의식 상태는 '역전'되는 것이죠. 마치 정-반-합과 같습니다.

그렇다면 기택의 가족 네 사람 중 누가 역전의 가능성을 지닌 '불량'일까요? 네 사람의 행동을 자세히 들여다보면 보이는 인물이 하나 있습니다. 제시카, 바로 기정입니다. 우연히 과외 자리를 얻어온 기우에게 가짜 졸업장을 만들어준 건 기정입니다. 또 동익의 가족과 관계를 맺는 이들 중에서 유일하게 기정만이 심리적, 실질적 우위를 점하고 있어요. 상담에서 연교를 압도하고, 가족 모두를 동익의 집으로 데려오는 데에 결정적인 역할을 했죠. 특히 '팬티 트랩'을 활용해서 기택을 운전기사로 취업하게 유도하는 장면에서 다른 노예를 밀어내고 자리를 차지하는 부분은 무척 인상적입니다. 마치 탁란(다른 새의 둥지에 알을 낳아 대신 품어 기르게 함)으로 태어난 뻐꾸기의 모습이 이러하지 않을까요.

이는 기우의 대사로도 드러나요. "쟤는 우리랑 좀 다른 것 같아"라는 말. 헤겔은, 노예는 발전할 수 있는 존재이지만 주인은 그럴 수 없다고 말했습니다. 영화에서 기정만이 유일하게 계급의 벽을 돌파할 수 있는 존재라는 암시를 생각하면 근세가 칼로 찌른 것이 하필 기정이었던 것도 우연은 아닙니다. 유일하게 그들과는 다를 수 있었던 존재. 계급을 넘을 수 있었던 존재. 더 나아가서는 기택 가족이 믿을 수 있는 유일한 희망이었던 기정이 사망했다는 것은, 곧 이 집안의 절망을 의미하는 것이죠.

또 다른 4명의 가족 중에도 '불량'은 있습니다. 박 사장네 가족 중 가장 이질감이 드는 인물, '불량'은 누구일까요?

① 이 인물은 언제나 기정에게 속는다.
② 동익은 "이 인물을 사랑하느냐"는 질문에 즉답을 회피한다.
③ 서민 음식이나 서민의 일상에 익숙하다.
④ 가장 늦게 냄새를 알아챈다.

누구인지 바로 아시겠죠? 연교입니다. 동익의 아내이면서도, 한편으로는 기택 가족과 가장 긴밀한 관계를 맺는 인물이죠.

연교는 헤겔이 말한 '주인'과 잘 부합하는 인물입니다. 노예가 제공하는 향락을 즐기며 아무것도 생산하지 않습니다. 그러다 문광이 집안일을 그만두게 되었을 때, 장을 보고 서툴게 집안일을 하는 건 바로 연교입니다.

헤겔에 따르면 주인은 나약하고 의존적인 존재입니다. 주체성이 없고, 언제든 노예로 다시 굴러떨어질 수 있습니다. 헤겔은 세계를 끊임없이 대립하고 발전하는 과정으로 보았는데요. 그런 점에서 연교라는 불량은 언제든 주인에서 노예로 굴러떨어질 가능성을 의미합니다. 노예에서 주인으로, 주인에서 노예로. 그렇게 끊임없이 정·반·합이 반복되며 나아간다는 것이 헤겔의 인식이었습니다.

기생충이 주인이라면?

──────── 영화가 진행될수록 '기생충'의 정체가 드러나는 것처럼 보입니다. 동익의 가족이 숙주고, 기택의 가족이 숙주의 피를 빼는 기생충이죠. 하지만 상상도 못할 진실이 드러납니다. 바로 근세의 존재입니다.

또 다른 기생충이라 할 수 있는 문광과 근세의 정체가 드러나자마자 투쟁이 벌어집니다. 기생하는 존재들 사이의 싸움이 벌어진 것이죠. 한 둥지에 두 알의 뻐꾸기가 동시에 부화한 셈입니다. 새들의 기생 형태인 탁란에서는 이런 경우가 일어나면 두 뻐꾸기 새끼는 본능적으로 서로를 밀어냅니다. 당연히 살아남은 쪽이 기생에 성공하죠.

흥미로운 건 그다음입니다. 동익이, 숙주가 사라졌을 때 남은 '기생충'은 어떻게 될까요? 집이 비었을 때도 기택은 여전히 그 집 지하에서 살아갑니다. 그렇다면 집의 주인은 사실 기택이 아닐까요? 집의 진짜 '주인'은 누구일까요?

기우가 처음으로 동익의 집에 갔을 때, 집에 대해서 소개하고 설명한 것은 바로 문광입니다. 동익과 연교는 집의 주인 내외라고 하지만, 정작 이 집에 대해서는 지하실의 유무도 모르고 있었어요. 결정적으로 이 대사가 있었죠.

근세   저분들이 뭘 알겠어. 진짜 햇살 좋을 때 여기서 둘이
        서만 오붓하게 햇볕을 딱 쬐다 보면 정말… 아, 그분
        의 그 어떤 예술적 터치가 느껴지지.

여기서 말하는 '저분들'은 동익과 그 가족을 말합니다. 집주인들은 이 집이 주는 진정한 향락을 모르고 있다는 뜻이죠. 남궁현자의 예술적 터치를 느낄 수 있는 것은 오히려 근세와 문광이라는 뜻입니다.

세상이 거꾸로 뒤집히는 느낌입니다. 누가 집의 주인일까요? 동익이 이 집을 사기 전부터 근세는 이 집에서 살고 있었습니다. 겉으로 보기에 집의 주인은 이 집을 구매한 동익이고, 근세는 이 집에서 기생하고 있는 기생충입니다. '기생충'이란, 숙주의 양분을 빨아먹는 존재. 생각해보면 헤겔이 설명한 '주인'과도 같은 존재입니다.

주인은 향락을 즐기기만 할 뿐, 노동을 하지 않아요. 정작 집의 주인이라는 동익은 회사에 나가 열심히 일하고, 가진 부로 이 집을 유지하지만, 이 집에 기생하는 근세는 노동을 하지 않고, 언제나 향락을 누리기만 하는 존재입니다. 결정적으로 동익에게 의존하고 있습니다. 마치 주인이 노예에게 의존하는 것처럼.

근세는 주인처럼 살아갑니다. 물질에 관여하지 않고, 그냥 향락만 즐기는 존재. 아무것도 발전하지 못하는 존재. 노예에게 의존적인 존재. 노예가 없으면 살아가지 못하는 주인이라는 존재는, 바꿔 말하면 '기생충' 같은 존재이지 않을까요?

문득 의문이 듭니다. 이 사회의 기생충은 누구일까요? 기생충은 일하지 않고, 노동하지 않고, 자립하지 않고, 향락만을 누리는 이들입니다. 마치 근세처럼. 이런 이들이야말로 기생충이요, 곧 주인입니다. 단지 근세는 '승인'을 받지 못했을 뿐입니다. 즉 승인받지 못한 주인은 기생충인 것이죠.

조금 더 넓게 생각하면, 노력하지 않고 누리는 자들은 사회의 기생충인 셈입니다. 큰 재산을 가지고, 재산이 재산을 낳는 사람들. 엄청난 부를 지녀 영원히 누리면서 살 수 있는, 오직 향락만을 누리는 존재들. 그 사람들이 쌓아 올린 부를 떠받치고 있는 건 물론 노동자들일 것입니다. 그렇게 노예들의 희생 위에서 누리기만 하는 이들이야말로 이 사회를 좀먹는 '기생충'은 아닐까요? 어쩌면 그들의 이면에는 근세와 같은 기생 인간의 모습이 숨어 있을지도 모를 일입니다.

그 냄새는 누구의 것인가

〈기생충〉이 전 세계적인 공감을 얻게 된 요소 중 하나는 '냄새'일 것이다. 냄새를 맡고 손가락으로 코를 막으며 인상을 찌푸리는 행동은, 언어가 통하지 않는 곳에서도 얼마든지 그 뜻을 전할 수 있는 '비언어적 표현'이다. 만국 공통의 언어인 것이다.

특히 동익이 내뱉은 '지하철 냄새'는 영화를 보는 관객들에게 충격을 준 대사이기도 하다. 실제 저 대사가 흘러나오는 지점에서, 영화관은 탄식과 원망의 한탄이 가득하기도 했다. 관객들은 방심하고 있다가 충격을 받는 셈인데, 이는 '냄새'가 지닌 속성 때문이기도 하다.

냄새는 숨길 수 없는 것, 그리고 본인은 파악할 수 없는 것에 속한다. 나는 알아챌 수 없지만 남들에게 영향을 미치는 일종의 낙인과도 같은 것이다. 그리고 냄새는 퍼진다. 동익은 그 냄새를 주인과 노예를 구분하는 징표로 사용한다. 영화에서 말하는 '냄새'란 하층민의 냄새를 뜻하면서 동시에 불결함이라는 뜻을 내포하고 있다. 불결하고 더럽고, 퀴퀴하고 혐오스러운 것. 만약 동익에게 다혜와 다송에게서 나는 '냄새'를 물으면 친절하게 '향기'라고 정정해줄지도 모를 일이다.

동익은 위의 대사를 통해 냄새에 대한 혐오를 '지하철'과 연결시켰다. 영화를 보는 동안 관객들은 '거리두기'를 실현하게 마련이다. 영화의 캐릭터와 나 사이에 보이지 않는 벽이 세워진다. 계급에 있어서도 거리를 둔다. 영화의 상황은 영화의 상황일 뿐, 나와 기택의 계급은 다르리라 생각한다. 하지만 동익은 그러한 관객을 비웃듯, '지하철'이란 단어를 가져온다. 그 대사에서 공격하고 있는 것은 우리들 모두다. 즉 서민 모두에게 나는 냄새라는 뜻이다. 영화를 보던 관객들은 동익이 말하는 혐오의 대상이 자신임을 깨닫는다. 동익이 혐오하는 냄새는 우리 일상의 냄새였다. 영화와 나 사이에 세워진 벽 뒤에서 안전하다 생각한 관객들이 당황하는 것도 당연하다. 말하자면 동익은 '선'을 넘은 것이다.

다송이 "제시카랑 같은 냄새가 난다"고 외쳤을 때, 다송이 말한 냄새란 동익이 말하는 그 냄새다. 즉 '계급의 냄새'인 것이다. 집으로 돌아온 기택과 충숙은 도대체 무슨 냄새를 말하는 것인지 어리둥절하다. 아무리 맡아도 알 수 없다. 세제 얘기도 한다. 그리고 그때 기정이 말한다.

"반지하 냄새야… 이사 가야 없어져."

재미있는 것은 '그 냄새'의 정체를 가장 빨리 파악한 것은 기택의 가족 중 기정이라는 점이다. 반대로 동익의 가족 중 연교는 냄새를 가장 늦게 알아챈다. '불량'끼리의 또다른 접점인 셈이다.

헤겔 Georg Wilhelm Friedrich Hegel, 1770~1831
장대한 철학 체계를 수립한 철학자

헤겔의 철학 체계는 논리학, 자연철학, 정신철학의 3부로 이루어져 있으며, 이 체계를 관통하는 원리가 정(正), 반(反), 합(合)으로 이루어진 변증법이다. 하나의 개념이 세워지면(定立, These) 그것은 내재적인 반대자에 의하여 반드시 부정된다(反定立, Antithese). 그리고 이들은 모두 새로운 형태로 규합되어(總合, Synthese) 보존된다. 이와 같은 정·반·합의 과정이 반복되는 것이 역사인 것이다. 이때 절대자가 영원한 로고스인 자기 자신으로 전개하는 학문이 바로 논리학이며, 자기를 더욱 충실된 정신으로 돌아오게 하기 위하여 물질계로 탈락, 이룩된 것이 자연이다. 따라서 자연은 다시 신의 진실한 모양인 절대자로 복귀할 필연성을 갖추고 있다. 그리하여 정·반·합의 변증법적인 발전에 따라 양에서 질로, 무기체에서 유기체로, 나아가 감각에서 종교에까지 이르는 것이다. 종교도 자연종교, 예술종교를 거쳐 계시종교로 고양된다. 그리고 마침내 최후의 단계이면서 동시에 출발점이기도 했던 절대정신에 복귀하는데, 이 상태에서 지식과 대상, 사유와 존재는 일체가 된다. 여기에서 절대정신이란, 자기 자신 속에 반대자를 내포한 절대자를 말한다. 헤겔에 의하면 정신이야말로 절대자다. 그리고 자연은 절대자가 자신을 외화, 겉으로 드러낸 모습에 불과하다. 그는 이성적인 것은 현실적인 것이며, 현실적인 것은 반드시 이성적인 것이라 주장했다. 헤겔은 비록 후대에 많은 비판을 받기도 했지만, 변증법이라는 그의 도구만으로도 후대에 엄청난 영향을 미친 위대한 사상가인 점은 틀림없다.

Chapter 6

산다는 것,
중력을
견딘다는 것

그래비티

✕

쇼펜하우어

그래비티
Gravity

감독 알폰소 쿠아론 **개봉** 2013년

라이언 스톤은 우주 비행사다. 딸의 죽음을 겪은 라이언에게 우주 공간은 딸에 대한 아픈 기억을 잊을 수 있는 도피처와도 같다. 동료인 맷 코왈스키와 우주 유영을 하며 임무를 수행하던 라이언은 지구 궤도를 도는 망가진 위성 파편들의 습격을 받는다. 우주왕복선과 연결해놓은 줄이 끊어진 라이언은 절체절명의 위기를 맞이하지만, 맷의 도움으로 겨우 목숨을 건진다. 하지만 우주왕복선은 우주 쓰레기에 맞아 난장판이 된 상태였고, 궁여지책으로 ISS로 이동하지만 ISS마저 우주 쓰레기에 당한 상태였다. 이때 일어나는 사고로 맷마저 놓쳐버린 라이언은, 무한에 가까운 침묵의 공간인 우주에서 생존과 귀환을 위한 여정을 시작한다.

우리는 많은 것을 잃으며 살아갑니다. 한때 내 모든 것이었던 무언가가 내 손에서 벗어나 사라지는 경험, 늘 나를 안아주던 무언가가 산산이 부서져 흩어져버리는 상실감. 사랑하고 아끼던 것들이 썰물처럼 빠져나갈 때의 공허함과 깊은 슬픔을 우리는 언젠가는 반드시 겪게 됩니다. 그렇게 우리는 언제나 이별하며 살아갑니다. 사랑하는 사람이든, 반려동물이든, 좋아했던 풍경이든, 애착을 가졌던 조직이든. 우리는 결국 이 세상과 이별하며 나이를 먹고 늙어갑니다. 그리고 잃는다는 것은 어쩌면 성숙해진다는 의미일지도 모릅니다.

제 주변에도 이별에 아파하고 상실감에 괴로워하며, 오랜 시간 그 허무의 늪에서 빠져나오지 못하는 사람들이 있었습니다. 물론 제가 상실감에 괴로웠던 적도 있고요. 그런 이들에게 한 편의 영화를 추천해야 한다면 언제나 가장 먼저 떠올리는 작품이 있습니다. 사랑을 잃고 극도의 아픔에 괴로워하는, 상실의 고통 속에 쓰러진 사람이 끝내 다시 일어서는 과정을 그린 영화. 끝내 내 생명과 인생을 긍정하게 되는 영화. 내가 맞닥뜨린 이별을 받아들이게 만드는 영화. 바로 알폰소 쿠아론 감독의 〈그래비티〉입니다.

영화 〈그래비티〉는 어떤 의미에서는 제 인생 영화인 작품입니다. 누군가가 제게 사상 최고의 영화, 가장 사랑하는 영화를 한 작품만 뽑으라고 한다면 대답하기 곤란할 뿐이에요. 하지만 질문을 바꿔, 가장 사랑하는 '우주 영화'가 무엇이냐는 질문을 한다면 저는 오래 고민하지 않고 〈그래비티〉를 뽑을 것입니다.

생은
곧 고통이다

─────── 영화 〈그래비티〉는 쇼펜하우어의 철학 세계를 그대로 그려낸 것 같은 인상을 줍니다. 쇼펜하우어의 말에 따르면 생은 곧 고통이고, 이 세상은 모두 고통으로 가득 차 있습니다. 주인공 라이언 스톤의 생은 고통으로 점철되어 있습니다. 그녀는 의공학자 출신의 우주비행사로, 불의의 사고로 딸을 잃은 지 얼마 되지 않았죠. 그녀의 아픔은 생생하고, 그녀의 세계는 외로우며, 그녀는 여전히 딸을 놓아주지 못합니다. 우주로 오기 전 라이언은 라디오를 켜놓고 운전하며 딸을 잃은 슬픔을 달래곤 했어요. 이야기가 나오지 않는 채널이면 무엇이든 좋아했죠.

그래비티 × 쇼펜하우어

왜냐하면 그녀를 괴롭히는 것은 소음, 정확하게는 '말'이기 때문입니다. 의미를 지닌 언어 자체가 그녀를 고통스럽게 만들었어요. 그래서 그녀는 이야기 듣기를 거부했고, 언제나 혼자서 운전했습니다. 언어적 의미가 없는 소리로 장벽을 친 후 운전이라는 단순한 일에 몰두하며 혼자만의 세계로 빠져든 것이죠. 자신이 만들어낸 조용한 세계, 소통을 거부한 적막한 세계에서 슬픔을 삼키는 것만이 그녀가 할 수 있는 전부였습니다.

맷   우주에 나와서 가장 좋은 게 뭐지?
라이언   … 조용한 거요.

라이언이 고통에서 벗어나기 위해 선택한 것은 소통을 거부하는 것, 고립되는 것, 고요함 속에 침전되는 것입니다. 이러한 선택은 마치 쇼펜하우어가 고통에서 벗어나기 위해 제시한 '체념'과 맥이 닿아 있습니다. 쇼펜하우어가 말한 '체념'은 약간 특별한 의미가 있는데, 이를 이해하려면 서양 철학사를 좀 더 알아야 합니다.

근현대 철학에서 가장 중요한 철학자는 칸트입니다. 후대의 철학자들은 쇼펜하우어의 철학 체계 역시 칸트 체계를 각색하고 개작한 것에 지나지 않는다고 말할 정도입니다. 하지만 결정적인 차이는 있습니다. 칸트의 《순수이성비판》을 두고 당대의 학자인 피히테나 헤겔이 해석한 것과는 전혀 다른 부분을 쇼펜하우어는 강조합니다. 헤겔이 사물 자체를 제거함에 따라 인식을 형이상의 차원에서 근본적인 것으로 만들었다면, 쇼펜하우어는 사물 자체를 존속시키면서 사물 자체를 의지와 동일시했습니다. 칸트는 '물자체'가 인식 불가능한 원리라 보았지만, 쇼펜하우어는 그걸 '의지'라고 보았어요. 쇼펜하우어의 세계는 곧 의지이며, 표상으로서의 세계는 의지의 객관화입니다.

쇼펜하우어가 말한 '**개별화의 원리**'에 따르면 시간과 공간은 다수성의 근원이며, 나의 의지는 하나이고 무시간적인 존재입니다. 그뿐 아니라 의지는 곧 전 우주의 의지와 동일시되어야 합니다. 실재는 생물이든 무생물이든 상관없이 자연의 전체 과정에서 나타나는 하나의 의지입니다.

[개별화의 원리]
모든 것의 바탕에는 '의지'가 있다. 그러한 세계 의지가 현상계로 들어오면 '나'와 '너', '그것'과 같은 개별의지로 분열된다.

쇼펜하우어는 세계와 모든 현상은 의지가 객관적으로 드러난 것에 불과하므로, 의지를 포기해야 한다고 말합니다. 의지를 포기함으로써 모든 현상도 철폐되어 사라지는 거죠. 철폐되는 것은 그야말로 모든 것입니다. 의지의 표상과 표상의 보편적인 형식인 시간과 공간, 의지의 궁극적인 기본 형태인 주체와 객체 등을 말합니다. 의지는 없어지며 관념도 없고 세계도 없습니다. 우리 앞에는 허무만이 확실하게 자리하는 것이죠.

언뜻 보면 쇼펜하우어가 우주의 의지를 신과 동일시하는 모습이 곧 스피노자의 **범신론**과 닿아 보일 수도 있습니다. 또 질서나 정신, 관념을 우주와 연결 짓는 범신론적 특성은 칸트나 헤겔에서도 드러나는 관점입니다.

하지만 쇼펜하우어의 철학은 스피노자나 칸트와 전혀 다른 양상을 보입니다. 스피노자의 범신론 속에서 덕은 성스러운 의지와 일치할 때 성취되고, 칸트의 질서는 도덕적 선의 체계 아래에 있습니다. 서양 철학자들은 선, 즉 도덕을 긍정합니다. 우주적 질서, 본질적인 관념, 절대정신은 모두 선을 추구하는 것이죠. 도덕은 선이고 선은 곧 신입니다. 하지만 쇼펜하우어는 그러한 관념을 정면에서 반대합니다. 쇼펜하우어의 염세주의도 바로 이 지점에서 시작됩니다.

쇼펜하우어에 의하면 이 우주는, 다시 말해 신은 악합니다. 우주의 의지는 사악하며, 우리가 겪는 끝없는 고통의 근원입니다. 고통이란

[범신론]
신이 곧 전 우주라는 사상. 신이 어떤 인격체나 우주로부터 괴리된 존재가 아닌 우주 자체가 신이라는 사상체계다.

모든 생명에 도사린 본질적인 요소입니다. 인생은 고통이며, 지식이 더해질 때마다 고통의 양도 증가해요. 알아간다는 것은 더 많은 고통을 알게 된다는 뜻이고, 그건 더 고통스러워지는 것으로 귀결됩니다. 의지에는 목적이 결여되어 있습니다. 성취되면 흡족, 만족을 얻을 고정된 목적이 없는 것입니다. 쇼펜하우어가 주장하는 의지는 맹목적인 생에의 의지이기 때문입니다. 게다가 종국에는 우리 모두가 죽게 됩니다. 허무한 일이죠.

그럼에도 우리는 헛된 목표를 추구합니다. 쇼펜하우어에 의하면 이루지 못한 소망은 고통을 낳고, 욕망을 성취해봐야 싫증만 날 뿐이기에 행복이란 존재할 수 없습니다. 인간은 생식의 본능을 지녔지만, 이는 고통과 죽음을 새로 만들어내는 일에 불과합니다. 성행위와 수치심이 결합되는 이유도 여기에 있습니다. 고통에서 벗어나기 위해 자살을 선택해도 소용없습니다. 쇼펜하우어는 '윤회설'을 긍정하기 때문입니다.

염세주의자가 말하는 문제 해결법

──────── 그렇다면 생의 고통에서 벗어나는 방법에는 무엇이 있을까요? 쇼펜하우어는 그 답을 인도에서 찾았습니다. 고통에서 벗어나기 위해서는 금욕을 추구해야 한다고 주장했는

의지 : 고통의 근원

체념 : 욕망을 끊을 것

데, 이는 모든 욕망을 끊어버리는 것입니다. 그다음으로 제시한 것은 체념입니다. 참으로 염세주의자다운 결론이며, 아주 슬픈 이야기죠.

쇼펜하우어의 철학은 그가 나이를 먹은 후에야 인정받기 시작했고, 후대의 학자들에게 많은 영향을 미쳤습니다. 특히 그가 의지의 개념을 강조한 것은 위대한 업적으로 평가받습니다. 의지의 개념을 확립한 최초의 사례라는 점과 더불어 후대에 미친 영향력 때문입니다. 영혼, 자아, 정신 같은 것을 설명할 때 의지와 지성을 명확히 구분한 쇼펜하우어의 업적은 훗날 지크문트 프로이트나 카를 구스타프 융과 같은 정신분석학자, 분석심리학자들에게 영향을 주기도 했어요. 쇼펜하우어 이전의 철학자들은 지독한 낙천주의를 전제하고 있어요. 이런 사조 속에서 쇼펜하우어의 염세적인 태도는 세상을 바라보는 새로운 시각을 제시했고, 많은 예술가들에게 영감을 주었습니다.

《지상의 양식》,《좁은 문》 등의 작품을 발표하며 노벨 문학상을 수상한 프랑스의 소설가 앙드레 지드는 다음과 같이 말하기도 했습니다.

"나는 쇼펜하우어로부터 위로를 받았다. 표현할 수 없는 기분
으로 《의지와 표상으로서의 세계》를 자세히 읽어나갔고 자주
읽었다. 다른 모든 것들이 나의 주의를 빼앗지 못할 정도로 집
중해서 읽었다. 스피노자나 니체 같은 철학자들의 책도 읽었다.
내가 철학에 빠진 계기는 쇼펜하우어 덕분이며 오로지 쇼펜하
우어 덕분이었다. 쇼펜하우어보다 헤겔을 더 좋아하는 인간이
있다는 것은 황당한 일이다."

이는 쇼펜하우어의 사후에 태어난 문학가들의 평가 중에서도
쇼펜하우어가 가장 듣기 좋아했을 말이 아닐까요? 물론 서양철
학사 전체로 봤을 때는 여전히 헤겔이 압도적으로 중요한 철학
자이지만 말이죠.

그런데 쇼펜하우어의 의지 철학과 염세주의는 분명 큰 의미
를 지니지만, 정작 그가 해법으로 제시한 '체념'의 방법론은 그
리 진지하게 들어줄 만한 것은 아닙니다. 그의 체념은 언행이
일치되지도 않고, 치밀한 일관성을 갖추지도 못했기 때문입니
다. 후대의 철학자 버트런드 러셀은 《서양철학사》에서 쇼펜하
우어가 제시한 '체념의 덕'이 전혀 진지하지 않다며 비판했고,
쇼펜하우어를 이렇게 평가했습니다.

"그는 평소 좋은 식당에 가서 정찬을 즐겼으며, 관능적 만족
을 구했으나 열정이 없는 시시한 애정행각을 여러 번 벌였고,

지나치게 논쟁을 일삼았으며, 보통 이상으로 탐욕을 드러냈다."

결국 쇼펜하우어는 신비주의자들이 추구하는 명상과 명상 속 깨달음 따위를 신봉하는 데에 그친 것이죠. 그가 체득했다는 체념과 금욕의 덕은, 그가 제시한 '의지의 철학' 체계 하에서는 일관성을 잃어버립니다. 의지의 세계를 말한 그의 입에서 나온 '체념'은 생을 향한 의지에 반하는 것이기 때문입니다. 우주의 잔인한 의지에 대해서 논하던 철학자가 별안간 욕심을 버리고 체념하라는 식의 답을 내놓는 것은 쉬이 납득하기 어렵습니다.

극한의 공간에서 움튼 생의 의지

────── 〈그래비티〉의 라이언이 상실감을 이기지 못한 채 체념의 장소 혹은 마음의 평안을 얻기 위해 세상으로부터 도피해서 도달한 곳은 우주입니다. 그런데 우주는 무서운 곳입니다. 우주복을 벗으면 잠시도 생존할 수 없는 극한의 공간이죠. 그녀가 가장 평온함을 느꼈던 우주에서 혼자가 된 순간, 아이러니하게도 라이언은 누구보다 간절하게 소통하기를 원하며 통신을 시도합니다.

그리고 또 다른 우주비행사 맷 코왈스키를 만나고 나서 라이언은 안도감을 느낍니다. 드넓은 우주에서 혼자가 아니라는 사실이 주는 든든함과 따뜻함이 그녀를 보호하는 듯하지만, 우주의 시련은 이들을 가만두지 않습니다. 베테랑 맷에게 위기가 닥치고, 가까스로 줄을 잡은 라이언이 구해주기에는 이미 늦은 상황. 맷은 라이언에게 이야기합니다.

맷	나를 놓아줘야 해.
	당신이 결정할 수 있는 것이 아냐.
라이언	당신을 잡고 있었는데… 내가 당신을 잡고 있었는데… 내가 잡고 있….
맷	라이언, 놓아주는 법을 배워야 할 거야.

최후의 순간, 맷이 라이언에게 남긴 충고는 '놓아주는 법'을 배우라는 말입니다. 이는 죽은 딸을 놓아주지 못해 자기 안에 갇혀 있던 라이언의 폐부를 꿰뚫는 대사죠.

집착은 고통이라고 했던가요. 쇼펜하우어는 생이 곧 고통인 이유는 끊임없는 욕구와 집착 때문이라고 했습니다. 그렇다면 집착에서 벗어나는 순간 고통에서도 벗어날 수 있습니다. 맷의 마지막 도움으로 간신히 ISS(국제 우주정거장)로 들어올 수 있었던 라이언은 죽음의 위기 속에서 산소를 마시고 정신을 차립니다. 이것은 라이언이 새롭게 태어나는 과정이기도 하지요.

생의 의지를
세우기 위해

─────────── 쇼펜하우어는 '의지'를 이야기하면서, 동시에 고통을 끊어낼 해법으로 '체념'을 말하는 학자였습니다. 의지와 체념은 어울릴 수 있는 개념이 아닙니다. 세계의 의지를 말하기 전에 라이언이 지닌 '생의 의지'를 바라봅시다.

라이언은 죽은 딸의 기억에서 도망치고자 우주를 택했습니다. 그 고통과 집착으로부터 벗어나기 위해 애를 썼죠. 라이언이 처한 이 상황, 우주 파편으로부터 달아나야 하는 극한의 생존 투쟁에서 쇼펜하우어가 말한 '체념'은 아무 도움도 되지 않습니다. 염세주의적인 세계를 부수고 나아가기 위해 필요한 건 '체념'이 아니라 더 큰 의지, 즉 생에의 의지이기 때문입니다.

영화는 생을 위해 발버둥치는 라이언의 모습을 그립니다. ISS의 폭발, 우여곡절 끝에 라이언은 마지막 희망을 담아 통신을 시도하는데, 들려온 것은 '지구의 소음'이었습니다. 통신이 제대로 이루어지지 않아 한 아마추어 통신사와 연결된 것이죠. 이제 라이언은 생을 향한 의지를 포기하려 합니다. 산소 농도를 줄이고 죽음을 맞이하기 위해 가슴에 손을 모은 라이언과 아닌가크의 자장가, 아기의 울음소리가 교차되는 장면이 스크린을 메웁니다. 죽음과 생이 교차하는 바로 그 순간, 라이언은 맷을 만나죠. 맷은 마치 유령처럼 나타납니다. 보드카를 든 것은 그의 마지막 말을 기억한 라이언이 만든 설정이며 보드카는 하나의 위안입니다. 그러나 맷이 라이언에게 건네주는 것은 보드카나 위안이 아닌, 그녀를 깨우는 소리였습니다. 이 '위안'이야말로 '체념'의 정체입니다. 라이언이 생의 의지를 버리고, 살아가겠다는 집착을 버리고 무너지는 것. 쇼펜하우어는 '체념'을 통해 어떤 신비한 깨달음을 얻어 생을 초월할 수 있을 것이라 생각했는지도 모릅니다. 하지만 현실을 살아가는 우리에게 쇼펜하우어의 방법보다 와닿는 것은, 알폰소 쿠아론 감독이 제시하는 해답입니다. 라이언이 만든 환각 속의 맷이 라이언에게 건네주는 것은 보드카나 위안이 아닌, 그녀를 깨우는 소리였습니다.

맷   집에 갈 시간이야.

라이언은 최후의 순간, 생을 향한 의지를 저버리려 했죠. 그러나 '체념'은 답이 될 수 없어요. 알폰소 쿠아론은 '체념은 곧 죽음'이라고 보았습니다. 그가 그리는 세계에서 죽음은 절대적입니다. 영원한 잠이자 존재의 소멸이죠. 생은 단 하나뿐인 것이기에 무엇보다도 빛나고 귀중한 것입니다.

산소가 줄어든 상황에서 만난 맷. 이것은 라이언의 무의식이 던져준 힌트였습니다. 마치 갓난아기의 울음처럼, 살기 위해서는 어떻게든 발버둥쳐야 함을 라이언은 깨닫죠. 기도와 위안을 찾던 라이언이 생의 의지를 되찾은 순간이기도 합니다. 라이언이 더는 체념하지 않고 생의 의지를 되찾은 순간, 그녀는 비로소 딸을 놓아줍니다.

라이언   내가 사랑한다고 전해줘요, 맷.
                엄마가 사라를 정말 정말 사랑한다고, 저를 위해 전해줄래요?
맷   (미소 짓는다)
라이언   알았어요.

라이언은 타인의 기도나 응원이 필요한 게 아니었음을 깨닫습니다. 그녀에게 중요한 것은 다시 살아갈 수 있는 용기, 바로 생의 의지였죠. 그녀는 삶을 지속하기 위해 욕망과 미련을 벗어 던집니다. 그리고 자신의 약한 마음과 포기하고 싶은 나약함을 극복합니다. 달콤하고 포근한 잠을 거부하고, 요동치는 생의 한가운데로 달려들기로 결정한 것이죠. 그 요동하는 것이야말로 '생'임을 영화는 긍정하고 있습니다.

라이언   드라이브는 이제 지겨워, 집에 가는 거야.

슬픔을 달래기 위해 찾았던 적막의 공간, 소음을 거부했던 행위, 이제는 드라이브가 지겹다는 말. 그것은 또 다른 적막의 세상인 우주를 벗어나 라이언이 마침내 소음의 세계로 나아갈 준비가 되었음을 보여주는 상징적인 대사입니다. 쇼펜하우어는 삶을 고통스러운 것으로 보았고, 그곳에서 도망치려 했어요. 소음을 떠나 적막의 세계로, 금욕과 체념을 통해 고통을 피하고자 한 것이죠. 그 고통을 받아들여야 함을 알지 못했다고 볼 수 있습니다.

스스로 만든 상처의 감옥에서 벗어나 재생하는 인간

라이언이 고장난 우주정거장을 벗어나 **톈궁**(중국의 우주정거장)에 도착한 뒤, 지구로 탈출하는 과정에서 영화는 생의 의지를 불태우는 인간의 열정적인 아름다움을 선명하게 그려냅니다. 그녀는 무수히 내리는 불꽃과 파편 사이를 돌파해 대기권으로 향해요. 대기권을 통과할 때 화르륵 붙은 불은 일종의 생명의 불길이죠.

지구에 도착한 라이언에게 들리는 것은 바로 소음. 적막의 세계에서 벗어나 소음의 세계로 돌아온 라이언을 소음이 반기듯 맞아주는 장면에서 영화의 전율할 만한 완성도를 엿볼 수 있습니다. 마치 태아를 연상시키듯 몸을 웅크리고 누워 있던 라이언

그래비티 × 쇼펜하우어

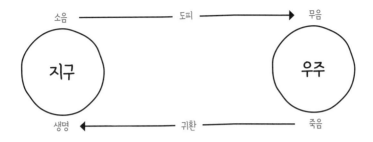

은 아기가 첫걸음마를 떼듯 몸을 일으켜 땅 위를 가까스로 걸어 갑니다. 부활, 재생의 이미지 그 자체입니다. 라이언이 다시 태어나서 걷기 시작했음을 영화는 선명하게 보여주고 있어요.

가장 중요한 것은 영화의 제목이기도 한 중력의 은유입니다. 지구는 사람을 끌어당기죠. 사람은 중력 때문에 추락하고, 중력 때문에 힘들게 대지에 발이 묶여 있어요. 하지만 중력이 있기에 대지 위에 두 발을 디딘 채 일어설 수 있으며, 버티어 살아낼 수 있습니다. 중력이 평생 짊어지고 살아야 하는 고통 내지는 괴로움이라면, 우리는 매일같이 그 중력과 싸우면서 살아가는 존재입니다. 알폰소 쿠아론은 영화의 마지막에 중력을, 그리고 소음을 긍정합니다. 라이언의 걸음이 위대하게 보이는 이유죠.

영화는 우주라는 무한한 배경을 통해 우리가 무한한 고독의 세계를 살아가는 티끌 같은 존재임을 보여줍니다. 우리는 모두 때로는 혼자이고 싶고, 타인과의 관계를 끊고 싶어 합니다. 동시에 이 고독한 우주에서 누군가에게 나를 찾아달라고, 안아달라고 애원하며 호소하기도 하는 나약한 존재이지요. 고독 속에서 누구의 도움도 없이 타오르는 생에의 의지로 삶을 선택하고 지구로 귀환하는 라이언의 모습에서 우리는 자신의 모습을 엿보게 됩니다.

쇼펜하우어의 말마따나 세상은 악한 의지를 지녔을지도 모릅니다. 우리는 언제나 삶이 만만치 않습니다. 그러나 쇼펜하우어가 말한 체념과 금욕의 덕은 결코 삶에 대한 해결책이 될 수 없습니다. 우리가 돌아와야 하는 곳은 적막과 체념의 세계가 아니라, 지겨울 정도의 소음이 존재하고 중력이 지배하는 지구입니다. 집착은 버리거나 잊는 것이 아니라 '놓아주는 것'이고, '놓아주는 것'에는 우리의 주체적인 의지가 담겨 있습니다. 삶을 향한 의지는 그 무엇보다 아름답습니다. 비틀거리며 걸어가는 라이언의 뒷모습처럼.

다시 일어날 수 있기를.
그래서 걸어갈 수 있기를.
이제는 놓아주기를.

살아간다는 건
중력을 견딘다는 것.
Gravity.

소리, 약동하는 삶의 맥박

〈그래비티〉는 무엇보다 영화관에서 보길 추천하는 작품이다. 영화관의 큰 화면으로 보면 마치 무한히 확장되는 우주 공간에 와 있는 것 같은 느낌이 든다. 하지만 그보다도 더 중요한 이유가 있다. 바로 '소리' 때문이다.

보통 우주를 그리는 영화들은 물리 법칙을 무시하게 마련이다. 〈스타워즈〉를 비롯해서 많은 영화들이 우주에서 소리가 나는 장면을 연출한다. 하지만 이는 영화적인 연출일 뿐이고 공기가 없는 우주에서는 소리가 전달되지 않는다. 영화는 이 과학적 사실을 십분 활용한다. 영화의 주무대는 아무런 소리도 나지 않는 침묵의 공간, 바로 우주다. 그래서일까? 아주 가끔 소리가 들려올 때 관객은 그 소리에 더 집중하게 된다. 그리고 라이언을 깨우는 것도 소리다. 소리는 곧 이 영화를 살아 숨 쉬게 하는 생명력 그 자체인 것이다.

라이언이 견디지 못해서 떠나온 지구는 소음으로 가득하다. 라이언은 그 소음을 듣기 싫어서 더 큰 소음에 자신을 숨긴다. 자동차 안에서 듣던 라디오 소리가 바로 더 큰 소음이다. 결국 라이언은 소리를 피해 조용한 우주까지 이른다. 소음, 즉 생명이 넘치는 공간에서 소리가 없는 우주, 곧 죽음의 공간으로 온 것이다.

그렇기에 영화의 엔딩은 더 큰 감동으로 다가온다. 라이언이 다시 살기로 결심했을 때 웅장한 영화의 음악만큼, 그 이상으로 감동적인 것은 바로 지구의 소음이다. 대기권을 파고들 때의 그 시끄러운 소리와 불꽃은 마치 새로 태어나는 한 생명을 보는 듯 강렬하다. 그리고 지구에 도착한 라이언을 기다렸다는 듯이 영화는 온갖 '소리'를 들려준다. 바람 소리, 참방거리는 물소리, 동물들의 소리,

옷이 스치는 소리, 라이언의 숨소리까지… 그 엄청난 소리의 향연이야말로 살아 있다는 증거, 삶의 공간으로 돌아왔다는 의미다. 이는 우주 공간에 사로잡힌 관객들을 깨우는 소리이기도 하다. 우리의 삶은 이토록 생동하는 것이라는 걸 알폰소 쿠아론 감독은 '소리'로 표현한 것이다.

그래서일까? 이 영화에는 마치 생명의 탄생을 보여주는 듯한 장면들이 눈에 띈다. 예를 들어 위험을 피해 ISS에 들어간 장면에서 라이언은 마치 태아와 같은 자세를 취한다. 태아의 모습에서 자연스럽게 여성 그리고 임신이 연상된다. 그래서 이 영화에 대한 해석 중 생명의 잉태를 상징하는 해석이 많다. 영화의 포스터는 마치 난자(지구)와 융합하는 정자(태양)의 모습, 탯줄을 끊은 아기(우주인)의 모습처럼 보인다. 즉 조용하고 위험한 우주는 자궁이라고 할 수 있다. 그 자궁을 여행하는 우주선은 남성기를 의미하고, 결국 헤어지게 되는 라이언과 맺은 정자의 머리와 꼬리라 할 수 있다. 라이언에게 우주가 극한의 생존 공간으로 보이는 이유는 실제 여성의 생식기 안에서 정자의 생존 확률이 아주 낮다는 비유로 읽을 수 있다. 마지막에 지구에 도착해 중력을 느끼는 라이언은 마침내 정자와 난자가 결합한 수정체가 나팔관을 지나 착상에 성공한 것으로 은유된다. 그리고 지구에 도착한 라이언의 편안한 표정과 사방에서 들려오는 생명의 소리는 새로운 생명의 탄생을 축하하는 소리처럼 들리기도 한다.

쇼펜하우어 Arthur Schopenhauer, 1788~1860
여성을 혐오한 염세주의 철학자

쇼펜하우어는 역사상 가장 독특한 철학자라 불릴 만큼 개성이 넘치는 데다 괴상한 인물이다. 굴곡 많던 삶만큼이나 그의 철학도 대담하고 재미있는 면이 많다. 그는 독특하게도 그리스도교보다는 인도의 힌두교나 불교의 사상을 좋아했다. 또 기존의 질서를 단번에 무시해버리는, 시대를 앞서간 철학자였다. 어쩌면 시대를 과하게 앞서간 것이 그의 불행인지도 모를 일이다.

쇼펜하우어의 일생에 가장 크고 부정적인 영향을 미친 것은 공교롭게도 어머니인 요한나다. 사료에 의하면 그녀는 대단한 포부를 지닌 여성으로 당대의 교양 있는 사람들, 특히 문학인들과 교류하며 우정을 쌓았다고 한다. 당대의 많은 예술가와 문인들이 마담의 눈에 들기 위해 아부하고, 이름난 작가들이 그녀의 마음을 훔치려고 했다. 이러한 분위기는 쇼펜하우어에게 충격적으로 다가갔다. 심지어 요한나는 남편의 죽음을 조금도 슬퍼하지 않는 듯 보였다. 당시 청소년기였던 쇼펜하우어에게 어머니가 다른 남자들과 애정행각을 벌이는 장면이 좋게 보일 리가 없었을 터다. 요한나 역시 아들에게 애정을 보여주지 않았다. 오히려 결점을 지적하며 비웃었다.

요한나의 살롱을 찾은 이들 중에는 괴테도 있었다. 괴테 역시 요한나의 성적인 뉘앙스를 지닌 우정을 갈망하는 사람 중 한 명이었다. 괴테는 매일 살롱에 드나드는 쇼펜하우어를 괴이하게 여겨 말을 걸었다. 몇 번의 대화로 그는 쇼펜하우어가 천재라는 걸 직감했다. 그러나 "쇼펜하우어가 우리들 중 가장 유명하게 될 것"이라는 괴테의 말을 비웃으며 요한나가 남긴 말은 참으로 싸늘했다.

"한 집안에 천재가 둘이 나오는 법은 없죠."

1818년 30세의 쇼펜하우어는 일생의 역작이자 그를 역사적인 철학자로 만든 명저 《의지와 표상으로서의 세계》의 집필을 완료하고 이듬해인 1819년 출판한다. 늘 그렇듯 요한나는 책이 한 권도 안 팔릴 거라는 식의 비아냥을 늘어놓았고, 쇼펜하우어 역시 악담으로 받아쳤다. 결과는 참혹했다. 100권도 안 팔렸다는 설도 있고 230권을 판매했다는 설도 있다. 하지만 분명한 것은 그의 책이 전혀 팔리지 않았다는 점이다. 한편 같은 해 요한나 쇼펜하우어가 출판한 장편 소설 《가브리엘레》는 단숨에 유럽 전역을 뒤흔드는 베스트셀러로 등극했다. 낙심한 쇼펜하우어에게는 그야말로 충격이었다.

모자의 갈등은 깊어질 대로 깊어져 나중에는 의절로 이어진다. 어머니와의 악화된 관계와 서로를 향한 증오심은 쇼펜하우어를 여성 혐오자로 만들어버린다. 여성을 향한 증오, 혐오, 애정결핍, 굴욕감, 피해의식, 열등감으로 가득 찬 문장이 저서 《수상록》에 등장하는 이유이기도 하다.

그래비티 × 쇼펜하우어

Chapter 7

아무도
그의 농담에
웃지 않았다

조커
×
니체

조커
Joker

감독 토드 필립스 **개봉** 2019년

고담, 청소부들의 파업으로 쓰레기가 넘쳐나고 쥐떼가 들끓는 이 가혹한 도시에서 광대 일을 하는 아서 플렉에게는 꿈이 하나 있다. 바로 코미디언으로 성공해 사람들에게 웃음을 주는 것. 그러나 웃음이 제어되지 않는 병적 웃음증 때문에 꿈을 이루는 길은 너무나 멀게 느껴진다. 우상처럼 여기는 머레이 프랭클린처럼 되고자 스탠딩 코미디 무대에 서지만, 갑자기 터진 웃음을 멈추지 못해 코미디 공연은 엉망으로 끝난다. 더구나 호신용으로 마련했던 권총을 공연하다가 흘리면서 해고까지 당한다. 해고된 그날 밤, 지하철에 탄 아서는 술에 취한 젊은 남성들이 한 여성에게 치근덕거리는 장면을 본다. 갑자기 병적 웃음이 발작한 아서에게 남자들이 시비를 걸자 순간 아서는 폭발하는데….

믿을 수 없을 정도로 파격적인 주장을 펼친 철학자
가 있었습니다.

- '선'보다는 '악'이 낫다.
- 인간의 가치는 결코 대등하지 않다. 그러므로 평범한 자들
  은 '초인'의 탄생을 위해 필요하다면 희생될 수 있다.
- 평범한 이들을 위한 민주주의, 프랑스 혁명, 사회주의, 그리
  스도교는 '노예 도덕'이라는 측면에서 동일하다.
- 여자들은 고양이나 새, 잘해야 암소 정도의 존재들이다.
- "그대 여자에게 가려는가? 채찍을 잊지 말라."

무엇 하나 논란이 되지 않을 수 없는 주장입니다. 이런 주장
을 아무렇지 않게 펼친 19세기의 급진적인 철학자. 워낙 현대
인문학에 큰 영향을 끼쳤기에 누구나 이름 한 번쯤은 들어봤을
법한 철학자. 바로 프리드리히 빌헬름 니체입니다.

극단적이고
급진적인

──────── 이런 니체의 사상과 자연스럽게 비교되는 것은 마키아벨리의 사상입니다. 《군주론》에서 보여주는 마키아벨리의 사상과 니체의 사상은 놀랍도록 닮아 있습니다. 마키아벨리 역시 권력 지향적이고 윤리를 아무렇지도 않게 생각했다는 점에서 니체와 유사하죠. 마키아벨리 또한 그리스도교에 반대하는 입장이었지만 이 부분에서는 니체가 훨씬 더 노골적이고 공격적입니다.

마키아벨리가 이상적으로 생각한 지도자가 체사레 보르자였다면, 니체에게는 나폴레옹이었습니다. 프랑스 대혁명의 결과가 나폴레옹이었다고 말하는 견해는 자칫 회의적으로 보이지만, 니체는 오히려 나폴레옹의 등장이야말로 가장 희망적인 것이라고 말했어요.

니체에 의하면 평범한 사람들은 '섣부른 자'들이며 소수의 귀족이나 초인(위버멘시, 넘어선über+사람mensch)들을 위해 희생되어도 괜찮은 존재들입니다. 그가 말하는 고귀한 자, 즉 위버멘시는 스파르타식 훈련을 겪고 고통을 인내하고 짊어지는 능력을 지녔으며 '의지의 힘'을 지녀야만 한다는 거죠.

그의 사상을 가만히 들여다보면 또한 쇼펜하우어가 떠오릅니다. 여성에 대한 경멸 어린 발언에서는 더욱 그러하죠. 쇼펜하우어가 지닌 여성에 대한 이미지가 대부분 그 어머니에 국한되었다면, 니체가 여자들에 대해 얻은 경험 역시 거의 누이동생에 국한됩니다.

한편 그는 존 스튜어트 밀을 '얼간이'라 불렀는데 밀의 말 중에서 "한 사람에게 정당한 일은 다른 사람에게도 정당하다"라든가, "남이 너에게 하길 바라지 않는 행동을 남에게 행하지 마라"는 말에 혐오감을 느낀다고 고백했어요. 니체가 밀의 주장을 비천하다고 말하는 이유는 다음과 같죠.

"나의 행동과 너의 행동의 가치가 같다고 당연하게 받아들이기 때문이다."

니체, 그리고 초인의 세계

——————— 이렇듯 니체는 사람을 동등하거나 대등한 존재로 보지 않았습니다. 그는 집요할 정도로 인간이 동등하다는 것을 거부합니다. 그러므로 행동의 가치도 전혀 다르다고 보았죠. 이에 따르면 평범한 사람에게는 허락되지 않는 행동이 우월한 자라면 대범하게 해도 괜찮은 것입니다. 니체는 의지의 힘을 갖추고 귀족적인 품성과 교양과 지성을 갖춘 이들은 결코 범인들과 같은 감정을 가져서는 안 된다고 강조했고, 동정심을 혐오했

습니다.

그렇기에 그는 나폴레옹을 긍정하며 민주주의를 부정합니다. 고결한 자는 민주주의로 흐르는 시대의 조류와 맞서 싸워야 한다는 주장도 했어요. 이유는 평범한 사람들이 주인 행세를 하기 위해 사방으로 손을 맞잡으며 연대하기 때문이죠. 그는 "욕망을 한껏 채워주고 의지를 약화하고 '대중'이나 '여성'을 앞세우는 일은 전부 '보편적 동의', 다시 말해 '열등한' 자들의 지배를 위해 작동한다"고 말했습니다. 이런 방향으로 이끈 자는 여성을 흥미로운 존재로 만든 루소이고, 노동자와 가난한 자의 투사를 자처하는 사회주의자들이며, 고귀한 자는 이들과 맞서 싸워야만 한다고 말했습니다.

앞서도 언급했듯 니체가 말하는 초인, 즉 위버멘시는 고통과 고난 속에서도 자기 확신을 잃지 않으면서 새로운 가치를 만들어내는 인간입니다. 이러한 위버멘시는 윤리·도덕적 측면에서 선악에 구애받지 않으면서 또한 잔혹하고 과감한 성향을 보이기 마련이죠.

이는 어떤 분야에서든 마찬가지인데, 예술적 위버멘시는 귀족적인, 높은 수준의 예술가들을 보호하기 위해 노력하겠지만 그렇지 않은 이들은 그저 도태될 따름입니다. 위버멘시는 자신과 같은 수준의 의무를 상대에게도 요구하기에 대다수의 '섣부른 자'들은 그 요건을 충족시킬 수 없습니다.

다른 예를 들자면 전쟁의 군인을 들 수 있습니다. 전쟁에 나서는 위버멘시는 뛰어난 인내와 능력으로 상대를 더 효율적으로 학살하는 방법을 추구할 것입니다. 이는 아군을 지키기 위함이지만 그가 상대하는 평범한 적들은 그에 의해 희생되는 것이죠. 위버멘시는 더욱 효율적으로 적을 섬멸하기 위해 더욱 잔혹하고 비정한 방법을 고안합니다. 이것이 위버멘시가 때로 잔혹하게 보이는 이유입니다.

전도유망한 법대생이 살인자가 된 이유

──────────── 니체가 주장한 초인 사상의 시작은 도스토옙스키에게서 그 흔적을 찾아볼 수 있습니다. 니체의 사상에 중심을 이루는 '노예의 도덕'의 토대를 마련한 것은 소설가인 도스토옙스키입니다. 니체 본인도 도스토옙스키에게서 많은 영향을 받았노라고 고백한 바 있어요.

특히 《죄와 벌》의 주인공 라스콜리니코프는 초인 사상의 원형을 엿볼 수 있습니다. 그는 법대를 다니는 가난한 대학생입니다. 어머니가 빚을 져가면서 돈을 보내주고 있지만 생활이 쉽지 않죠. 겨우 해내던 가정교사와 과외 일은 모두 끊기고 인생이 비루해지기만 하죠. 집세도 낼 수 없고, 밥도 제대로 먹지 못하는 지경입니다. 가난이 이 젊고 유망한 대학생의 생을 좀먹고 있는 것입니다.

이때 라스콜리니코프는 전당포 노파를 떠올립니다. 세상에 아무런 도움도 되지 않으며, 사악하고, 마음 착한 여동생 리자베타를 구박하는 고약한 늙은이. 가난한 이들의 마지막 물건을 모조리 저당잡고 돈을 뜯어내는 거머리 같은 인간이 바로 알료나라고요.

라스콜리니코프는 생각합니다. 이 모든 것은 잘못되었다고. 만약 돈이 자신에게 있다면 대학을 졸업하고, 세상이 경탄할 만한 논문을 쓸 것이며, 세계의 질서 유지와 많은 사람들의 안녕을 위해 기여할 수 있을 것인데, 세상은 거꾸로 되어 있습니다. 저 아무것도 아닌 거머리 같은 노파는 엄청난 재화를 그냥 쌓아두고 있을 뿐이고 전도유망하고 천재적인 젊은 대학생은 유능함에도 불구하고 돈이 없어 아버지 유품인 은시계를, 여동생 두냐가 선물한 반지를, 담배 케이스를 노파에게 맡기고 얼마간의 돈으로 연명할 뿐이죠.

라스콜리니코프는 또 생각합니다. 재화는 세상을 더욱 이롭게 만들 자신과 같은 이에게 마땅히 주어져야 한다고. 그렇게 라스콜리니코프는 '살인'에까지 생각이 닿습니다. 많은 이들의 고혈을 짜내는 저 사악한 노파를 도끼로 찍어 죽이고, 돈을 빼앗는 것은 잘못된 일인가? 라스콜리니코프는 고개를 저어요. 사

조커×니체

악한 전당포 주인이 죽을 뿐이라고. 세상을 위해 이로운 일이며 아무런 영향도 미칠 수 없다고. 그 대신 세상은 라스콜리니코프라는 유능한 젊은 대학생을 얻게 되는 거죠. 이것은 마땅히 세상을 위해서 해야만 하는 일입니다. 그렇다면 어찌하여 아직까지도 그 일을 실행하지 않는 걸까?

라스콜리니코프는 여기에서 '도덕'이라는 관념에 도달합니다. 즉 노파를 도끼로 찍어 죽이는 것은 지극히 자연스럽고 마땅히 해야 하는 이로운 일임에도 '살인을 해서는 안 된다'라는 도덕률이 그 행동을 제약하는 것이죠.

라스콜리니코프는 생각합니다. "도덕이야말로 굴레이며 사슬이다. '노예의 도덕'인 셈이다." 이런 제약으로부터 자유로워져야 한다고 생각한 그는 결국 도끼를 옷 속에 숨기고 전당포로 향합니다.

라스콜리니코프는 전당포 노파를 살해했고, 죄없는 리자베타도 살해했습니다. 이후 도망다니는 신세가 되고, 순수한 영혼인 소냐를 만나게 됩니다. 이때 소냐에게 기독교의 성서를 건네며, 그 유명한 '나사로의 기적' 부분을 읽게 합니다. 노예의 도덕, 그 도덕의 근원을 밝히기 위함입니다. '나사로야 나오너라'라는 문구를 읽는 순간, 소냐의 감동하는 표정에서 라스콜리니코프는 확신합니다. 바로 그 구절 속에, 인간을 구속하는 올무가 숨어 있다는 것이죠.

그 장면에서 라스콜리니코프는 다음과 같이 독백합니다.

"만약 신이 존재하지 않는다면 인간은 무엇이든 가능하다."

라스콜리니코프는 세상의 모든 도덕, 윤리의 근원이 종교, 신에게 있다고 보았습니다. 그러한 양심이, 도덕이 사람의 발목을 잡는 사슬이므로 신의 존재가 부정된다면 인간은 그러한 족쇄로부터 자유로워지는거죠. 진정한 자유는 신을 부정하면서 얻을 수 있다는 것입니다.

니체는 도스토옙스키 소설의 주인공들이 겪은 이같은 이야기를 토대로 자신의 사상을 발전시켰습니다. 후대의 학자인 버트런드 러셀은 도스토옙스키의 주인공들이 비루한 구석이 있고, 니체의 사상과 불교의 자비를 대비하며 니체를 강도 높게 비판하긴 했습니다.

그럼에도 흔들리지 않는 사실이 있습니다. 니체는 1880년대에 이미 40년 후에 벌어질 인류 최악의 전쟁을 예견했습니다. 20세기 초에 벌어진 대량학살과 전쟁, 초인들의 범람과 그로 인한 살육의 시대를 예언한 것입니다.

니체의 말처럼 세상이 혼란스러워지고, 삶이 피폐해질 때 '노예의 도덕'을 끊어버리는 초인이 나타난다면 과연 어떤 모습일까요? 혹시 광대 분장을 하고 권총을 든, 좀처럼 웃음을 참지 못하는 그 남자의 모습은 아닐까요.

조커×니체

조커와 초인의 3단계 성장론

아서   내가 미친 건가요, 아니면 세상이 더 미쳐가는 건가
                    요?

    토드 필립스 감독의 영화 〈조커〉는 2019년에 개봉한 영화 중 가장 개성적인 작품입니다. 이제껏 만화를 원작으로 한 영화 중 특히 히어로 코믹스를 영화화한 작품 중에서 가장 뛰어난 영화가 〈다크 나이트〉라면 가장 진지하고 무거운 영화는 〈조커〉일 것입니다. 만화 속 캐릭터인 조커를 이렇게 진중하고 현실적으로 표현할 거라고는 아무도 예상하지 못했기 때문이죠.

    아서 플렉이 조커가 되는 과정을 진단하는 데에는 사회 구조적 문제 분석과 정신분석적인 접근이 모두 필요하지만, 여기서 그보다 더 깊게 초점을 맞춰야 하는 건 아서 플렉이 조커로 다시 태어나면서 보여주는 양상에 있습니다. 그저 정신병자의 탄생이라 보기에 조커가 보여주는 카리스마와 존재감은 마치 니체의 위버멘시에 가깝게 보이기 때문이죠.

    니체는 인간의 정신이 세 단계를 거쳐 초인으로 성장한다고 봤습니다. '낙타 – 사자 – 어린아이' 단계이지요. 이 정신 성장의

단계는 건너뛸 수 없습니다. 모든 인간은 낙타의 단계에서 시작하며, 사자를 거치지 않고 어린아이로 갈 수는 없습니다. 마찬가지로 사자에서부터 시작할 수도 없습니다. 그리고 한번 어린아이 단계까지 간 초인은 다시 낙타로 돌아가지 않습니다.

우선 낙타의 단계란 인내와 복종의 단계입니다. 주인에게 복종하는 노예의 단계나 마찬가지죠. 낙타는 '외부 세계'에 복종합니다. 그리고 늘 무거운 짐을 운반하는 존재입니다. 여기에서 무거운 짐은 우리 삶에 주어지는 과제들이죠. 예를 들어 아서 플렉의 삶은 고단하기 그지 없습니다. 늙은 어머니를 모시고 힘겹게 노동을 하고, 별로 잘하지도 못하는 일이지만 열심히 참고 견딥니다. 전형적인 낙타의 모습이에요. 그런 그에게는 한 가지 욕망이 있습니다. 머레이 쇼에 나가 그의 인정을 받고, 그에게 아들로 대우받는 것을 꿈꾸죠. 머레이 프랭클린은 아서 플렉에게 부재한 것, 아버지의 존재를 대체하는 인물입니다. 아서는 머레이를 마음속으로 아버지로 여깁니다.

아서는 어머니에게 들은 이야기를 토대로 다른 이들에게 웃음을 주기 위해 노력합니다. 그것이 바로 낙타의 짐이죠. 그걸

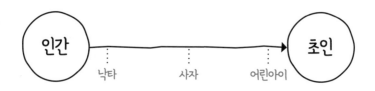

위해서 아서는 언제나 유머를 연습하고 적어놓는데 그 유머의 대상은 외부 세계입니다. '성적인 농담'이 사람들에게 잘 먹힐 거라고 생각하는 아서는, 열심히 농담을 준비하고, 간혹 폭행을 당하기도 하지만 어떻게든 견디면서 살아갑니다.

우리가 대부분 겪었을 수험생활을 생각해볼 수 있어요. 하루의 대부분을 재미없는 공부를 하는 것은 어려운 일이죠. 하지만 인내심이 강하고 복종심이 있는 이들은 그걸 견딥니다. 그리고 성적이라는 성과를 냈을 때 뿌듯함과 보람을 느끼기도 해요. 낙타 역시 짐을 주인이 원하는 곳까지 옮겼을 때 만족감을 얻습니다. 그것이 낙타의 보상입니다. 마치 마라톤 선수가 완주했을 때 느끼는 것 같은 짜릿함이죠.

하지만 학생의 성적도, 낙타의 보상도, 마라톤 선수의 짜릿함도 모두 외부 세계에 종속되어 있으며, 인내와 복종의 결과이므로 여전히 그 단계는 낮습니다. 하지만 이러한 복종의 단계, 낙타의 단계는 모든 인간이 거쳐야 할 필연적인 단계입니다. 만약 이 단계를 거치지 않는다면 짐이 왜 무거운지, 무엇이 나를 힘들고 고통스럽게 하는지 인식할 수 없어요. 이를 인식하지 못한

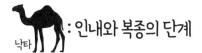

낙타 : 인내와 복종의 단계

다면 영원히 사자의 단계로는 나아갈 수 없는 것이죠. 또한 낙타의 단계를 충분히 거쳐 '짐을 견디는 힘'을 길러놓지 않는다면 훗날 자신의 규칙조차 지킬 수 없는 인간이 된다고 니체는 말합니다.

부정하고 파괴하기

──────── 다음 단계는 사자의 단계입니다. 사자는 물어뜯는 존재죠. 규칙을 파괴하고 종속관계를 부정하는 존재가 사자입니다. 사자는 새로운 가치를 추구합니다. 낙타의 단계를 거쳤기에 사자는 무엇이 자신을 괴롭히는지 이해하며, 또한 자신이 무엇을 추구해야 하는지를 알고 있습니다. 다시 말해 자신이 추구하는 새로운 가치를 위해 전복시키는 것, 기존의 가치와 관습과 규범을 부정하고 싸워서 무너뜨리는 단계가 바로 사자의 단계입니다.

아서의 삶은 언제 부서질지 모르는 얇은 얼음판 위를 걷는 것처럼 아슬아슬했습니다. 친구는 그런 아서에게 권총을 구해줍니다. 총을 갖게 된 후 아서의 인생을 송두리째 뒤흔드는 사건이 연달아 벌어져요. 아서는 용기 내어 선 작은 스탠딩 코미디 무대에서 웃음을 참지 못해 최악의 공연을 하고 비웃음을 사게

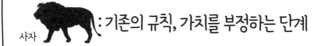

사자 : 기존의 규칙, 가치를 부정하는 단계

됩니다. 과도하게 긴장하거나 모욕을 받으면 웃음이 터져 나오는 아서의 병은, 코미디언으로서는 치명적인 약점이었습니다. 해고된 날 그는 지하철에서 자신을 모욕하는 남자 셋을 총으로 쏴 죽입니다. 갑자기 아서의 세상이 전복됩니다. 그리고 조금씩 진실에 다가가게 되죠. 어머니 페니 플렉이 자신을 수십 년간 세뇌하고 속여왔다는 끔찍한 진실입니다.

아서의 질서는 파괴됩니다. 그는 지하철에서 총을 쏴 사람을 죽임으로써 사회 규범을 파괴했습니다. 이제껏 찾지 않았던 생부, 미스터 웨인을 찾아가기도 합니다. 아서는 생부라 믿었던 남자로부터 어머니와의 관계를 부정당하고 버림받는 고통을 겪어요. 웃음을 줄 수 있을 거란 믿음은 망가지고, 직장은 없어지고, 약은 끊깁니다. 정신적인 아버지로 생각하고 사랑했던 머레이는 자신의 방송에서 아서의 코미디를 조롱까지 하죠. 자신이 입양되었다는 사실, 믿어왔던 좋은 기억, '해피'라는 별명이 세뇌와 학대의 결과물이라는 사실이 아서의 세계를 갈갈이 찢어놓았습니다. 이에 아서는 어머니였던 페니 플렉을 베개로 질식시키면서 이런 말을 합니다.

아서   난 지금까지 내 인생이 비극인 줄 알았는데… 알고
        보니 좆같은 코미디더라고.

비극인 줄 알았던 인생이 코미디가 되는 순간 아서는 지금까지의 삶을, 규범을, 질서를 모조리 부정합니다. 아서는 스스로 냉장고에 들어갔다가 나옵니다. 이는 배우 호아킨 피닉스의 애드립으로 알려졌는데요. 냉장고는 아서의 고립된 생애를, 그리고 외부와 단절된 채 차가워진 그의 세계를 의미하기도 하지만, '차가운 자궁'으로 볼 수도 있습니다. 즉 아서는 냉장고라는 서늘한 자궁으로 들어가, 새로이 '조커'로 잉태되었다는 겁니다. 부활, 재탄생의 이미지가 그려집니다. 그 뒤 친구들이 그의 집을 찾아왔을 때 그는 이미 사자의 단계에 돌입한 후이죠.

자기 자신에게 복종하다

———— 니체의 초인 이론에 의하면 아서는 이미 무수한 고통을 겪고, 과업을 끝까지 이겨냄으로써 낙타 단계를 넘어섰기 때문에 마땅히 추앙받아야 할 사자의 상태입니다. 사자는 공격적이고 파괴적인 성향을 보입니다. 그리고 파괴 후에는 창조가 옵니다.

자기의 세계를 부정했던 사자, 아서 플렉은 이제 새로운 가치와 질서를 부여하는 위치에 올라 있습니다. 그렇기에 집에 찾아온 친구를 살해하는 데에도 주저함이 없습니다. 그의 살인은 정신병으로 인한 것도, 우발적인 것도 아닙니다. 그는 윤리나 규범을 초월하는 존재로서 스스로 '생사여탈'의 권한을 지니고 있어요. 살인은 곧 권력입니다. 거대한 권력을 손에 쥔 아서, 아니 조커는 삶과 죽음을 구분하는 재판관의 위치에 올라 있습니다. 조커라는 진정한 악, 아니 초인의 탄생입니다.

조커는 이제 자신이 해야 할 일을 스스로 깨닫습니다. 머레이를 찾아가 그를 죽이는 일입니다. 자신이 죽어도 상관없습니다. 조커 분장을 한 아서가 가벼운 발걸음으로 춤을 추며 계단을 내려옵니다. 낙타의 상태에서는 온갖 짐을 지고 힘겹게 발걸음을 떼던 그가, 낙타의 단계를 넘어 어린아이의 수준이 되어 자아에 도취된 춤을 추면서 내려가죠. 그는 진정으로 자유롭고, 진정으로 창조적인 상태입니다. 모든 윤리와 규범, 질서를 거부하고 파괴하는, '노예의 도덕'으로부터 자유로운 자.

어린아이 : 자유롭게 자신만의 가치, 규칙을 창조하는 단계

자, 이제 마지막 단계입니다. 최종적으로 인간은 천진난만한 어린아이가 됩니다. 어린아이는 다시 복종하는 존재입니다. 다만 복종의 방향과 대상이 다르죠. 어린아이는 철저하게 자기 자신에게 복종합니다. 자신이 내건 가치, 자신이 만든 규범에 복종하는 것입니다. 그럼으로써 세상 그 무엇으로부터도 자유로워지는 존재, 가장 창조적인 존재가 바로 어린아이 단계의 인간입니다. 당연히 찬양받아 마땅한 존재인 거죠.

마침내 그가 진정한 초인으로 태어나는 순간이 있습니다. 교통사고를 당한 조커가 주위의 무뢰배들의 응원을 받고 자리에서 일어나 춤을 추는 그 순간입니다. 생물학적인 아버지라 믿었던 웨인은 사망했고, 정신적 아버지인 머레이는 자신의 손으로 살해했으며 자신을 입양했던 어머니 페니 플렉도 자신의 손으로

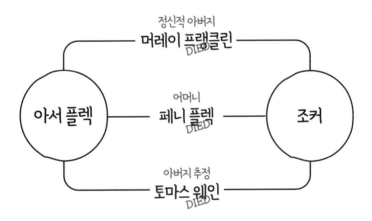

죽였습니다. 아서 플렉, 아니 조커는 이제 윤리, 도덕의 범주를 넘어선 존재가 되었습니다. 그야말로 초인이 탄생한 것입니다.

아무도 그를 이해하지 못한다

위버멘시가 된 조커는 감옥에 찾아온 상담사에게 "당신은 내 농담을 이해할 수 없을 거야"라고 말합니다. 낙타의 세계에 있는 자에게 초인의 이야기를 해봐야 들리지 않기 때문이죠. 위버멘시는 윤리, 도덕을 넘어섰기에 그의 논리를 타인에게 전달하기 어렵습니다. 조커가 머레이에게 한 마지막 조크에서도 이를 알 수 있죠. 조커는 머레이에게 이런 농담을 던집니다.

"똑똑."

"당신의 아들이 차에 치여서 죽었어요."

조커의 농담을 들은 머레이의 반응은 예상대로입니다. 이해할 수 없다는 반응이죠. 대체 어디가 웃긴 걸까요? 앞서 아서 플렉은 사람들에게 통하는 유머를 하겠다며 19금 유머를 공부했어요. 타인과의 공감을 어떻게든 형성하려는 것이죠. 그건 낙타의 방식입니다. 남들에게 웃긴 것을 찾아 공부하고 맞춰주고, 거기에서 기쁨을 얻는 것은 노예의 만족입니다.

조커는 이제 자기 자신에게서 답을 찾았습니다. 남을 웃기는 조크가 아니라 자신을 웃기는 조크입니다. 어린아이 단계는 외부 세계가 아닌 스스로에게 복종하는 단계입니다. 조커는 머레이에게 농담을 했던 바로 그때에도 이미 자신의 세계에 복종하고 있었습니다.

그렇기에 상담사는, 아니 타인은 결코 조커의 농담을 이해할 수 없습니다. 당연히 웃을 수도 없죠. 이해받지 못하는 것은 위버멘시의 숙명일지도 모릅니다.

냉정하게 보면 조커의 범죄 행위는 잔혹한 연쇄 살인입니다. 위버멘시는 기존 질서를 무시하고 자신만의 고유한 가치를 추구하는데, 그 과정에서 잔혹성을 보이는 것과 같아요. 일방적으로 자신의 가치를, 그것도 타인이 결코 이해하거나 공유할 수 없는 독자적인 가치를 들이미는 것이죠. 결국 그것은 광기로 이어집니다. 제1차, 2차 세계대전을 지나 제국주의의 광기가 시작되고 온갖 파시스트들이 튀어나온 것도 니체의 초인론의 관점에서 보면 위버멘시라고 할 수 있습니다. 사회의 안녕과 안정이라는 측면에서 니체의 위버멘시는 위험천만한 존재들인 셈입니다. 이 부분은 버트런드 러셀이 지적한 것처럼, 니체가 윤리를 너무 가볍게 보는 경향이 있으며, 악을 정당화하려는 의도를 보인다는 점에서 니체의 철학에 동의하기 어려운 지점이기도 합니다.

조커×니체

결국 니체의 위버멘시가 가장 이상적으로, 자연스럽게 존재하며 활약할 수 있는 분야는 예술 분야일 것입니다. 예술이야말로 언제나 기존 질서와 규칙에 대한 파괴가 요구되며, 그로 인한 새로운 가치나 질서의 확립은 예술의 세계를 진일보시키기 때문이죠. 이렇듯 니체의 위버멘시는 예술 분야에서 절대적인 위치를 점하는 존재라 할 수 있으나 사회 규범, 정치, 일상생활에서 필요한 존재라 보기는 어렵습니다. 특유의 '잔혹한 파괴'가 예술적 가치가 아닌 사회적, 일상적, 규범적 가치라면, 그리고 그 파괴에 희생되는 것이 목숨과 같은 소중한 것이라면 결코 동의할 수 없기 때문입니다.

그 동의할 수 없는 상징적 존재가 바로 영화의 조커입니다. 영화는 조커의 춤을 대단히 주요하게 다뤄요. 처음에는 어설펐지만 점차 내면의 자신을 드러내고, 윤리적인 족쇄를 풀어낼 때마다 자유롭게 변모하는 예술적인 아름다움을, 그의 살인 행위와 결합했습니다. 위버멘시가 된 조커가 세상에 남길 수 있는 것은 고작해야 그 춤이 지닌 예술적 가치뿐인 것이죠. 그가 실행한 살인과 그가 전한 메시지는, 니체의 기대와는 다르게 미치광이의 발광에 지나지 않았습니다. 니체에게는 아쉬운 일이지만, 초인의 시대는 존재하지 않는 것이죠.

탄생을 그린 하나의 공연 같은 작품

영화 〈조커〉에서 가장 많은 관객들의 시선을 빼앗은 부분은 바로 아서 플렉이 추는 '춤'에 있을 것이다. 영화에서 조커는 여러 번 춤을 선보인다. 가장 먼저 등장하는 춤은 아서가 병원에서 어린이들 앞에서 추는 춤이다. 팔을 굽혀 가슴에 대고 단순한 동작을 반복하는 아서의 춤은 어설프고 자신 없어 보인다. 춤을 한 번도 춰본 적 없는 사람이 소극적으로 추는 춤처럼 보이기도 한다. 발을 구르면서 폴짝폴짝 뛰는 이 춤은 아서가 처한 비참한 현실, 코미디언으로서 웃음을 주는 일이 아서에게 얼마나 안 어울리는가를 적나라하게 보여준다.

그러나 아서가 처음으로 사람을 죽이고, 화장실로 들어가서 추는 춤은 다르다. 유치한 율동 같았던 병원에서의 춤과 비교해보면 소름이 끼칠 정도다. 마치 발레를 연상시키는 이 춤은 내면에 완전히 집중한 아서가 자신을 드러내는 춤이기도 하다. 하나의 신성한 의식으로 보일 정도다. 이때 관객들이 아서의 춤에 빠져들게 되는 이유는 아서가 처음으로 자신을 위한 춤을 추었기 때문이다. 한 사람의 예술가로서, 무대의 주인이 되어 추는 첫 춤이기에 관객들은 자신도 모르게 숨을 멈추고 집중하게 된다.

가장 많은 관객들의 뇌리에 남는 춤은 조커가 계단에서 추는 춤일 것이다. 힘겹게 올라가던 계단을, 이제는 조커가 된 아서가 흥겹게 춤을 추며 내려간다. 내면에 숨겨진 자아를 꺼내고, 자신을 탈피해 자유로움을 만끽하는 춤에서 이제 더 이상 '아서'를 찾을 수 없다. 이 춤으로 조커는 완전해진다.

그리고 머레이 프랭클린의 쇼에 나서기 전, 조커는 커튼 뒤에서 짧은 춤을 춘다. 어깨를 천천히 움직이며 흐느적거리듯 움직이는 조커. 쇼를 준비하는 예비 동작이면서 동시에 자신을 깨워놓는 움직임이다. 발레리노라면 언제든 출 수 있는 준비, 조커의 경우에는 언제든 '저지를 수 있는' 준비를 하는 것이다.

영화의 결말에서 조커는 시위대 앞에서 춤을 춘다. 하늘로 향하는 조커의 시선. 조커는 이 모든 것이 하나의 무대이며, 자신의 인생이 하나의 공연이었다는 것을 깨달은 듯, 마침내 공연을 마무리하는 춤을 춘다. 여기서 시위대는 관객이고, 조커는 공연의 주인공 같다.

춤은 '탈아(脫我)'라고 한다. 자신을 벗는 것이다. 광대 분장으로 자신을 숨기던 아서 플렉은 춤으로서 자신을 하나하나 벗고 잊어버리며, 이제 조커 그 자체가 된다. 마치 의식처럼. 그렇게 영화 <조커>는 탄생을 그린 하나의 공연 같은 작품이다.

니체 Friedrich Nietzsche, 1844~1900
신의 죽음을 발표한 철학자

니체가 생각하는 최악의 적은 바로 그리스도교다. 니체는 종교가 형이상적인 진리에는 별다른 아이디어나 이론을 제시하지 않으므로 일단 거짓이라 확신했다. 그러므로 모든 종교는 거짓이며, 종교가 사회적으로 어떤 영향을 미치는지가 중요하다. 그리스도교는 모든 인간에 대한 동등한 사랑을 강조한다. 이는 그 자체로 민주주의적이며 프랑스 혁명, 사회주의와 다르지 않았다. 그래서 니체는 "신약성서는 비천한 인간들의 복음이다"라고 말하며 그리스도교를 평범한 사람들, 즉 '섣부른 자'들의 반란이라 보았다. 니체가 보기에 그리스도교는 이제까지 존재한 가장 치명적이고 유혹적인 거짓말이다. 그는 지금까지 있었던 본받을 만한 이들, 이른바 초인들이 그리스도교의 이상을 닮으려 시도한 적이 없었음을 강조한다. 즉 영웅들이 추구하는 '자긍심, 남을 이기고 올라서려는 열정, 위대한 책임, 당당한 야수성, 전쟁과 정복 본능, 열정 숭상, 복수심, 분노, 관능, 모험, 지식'을 부정하기에 비난받아 마땅하다는 것이다. 니체가 보기에 저것들은 전부 선(善)인데, 그리스도교는 이를 악하다고 말하고 있다. 니체로서는 도무지 받아들일 수 없는 말이다.

니체는 결국 '신의 죽음'을 발표했다. 마치 도스토옙스키가 "만약에 신이 존재하지 않는다면 인간은 무엇이든 가능하다"고 말한 것처럼, 니체는 신을, 그리스도교를 거부함으로써 자신의 철학을 더욱 강하게 주장했다. 종교적 지도자나 메시아가 아닌, 초인의 존재를.

Chapter 8

마키아벨리 형!
세상이
왜 이래?

내부자들

✕

마키아벨리

내부자들
Inside Men

감독 우민호 **개봉** 2015년

검찰의 족보 없는 개, 우장훈 검사는 여당의 유력한 대선 후보인 장필우를 견제하기 위해 청와대 민정수석으로부터 장필우에 대한 비밀 수사 임무를 받는다. 우장훈은 장필우와 연결된 것으로 보이는 미래자동차의 비자금 파일을 받아내려 하지만, 중간에 조직폭력배 안상구가 나타나 비자금 파일을 가로챈다. 안상구는 그것을 조국일보의 논설 주간인 이강희에게 넘긴다. 문제는 대선 후보 장필우, 미래자동차 회장인 오회장, 그리고 이강희가 모두 한패였던 것. 이강희는 안상구를 토사구팽하고, 오른손을 잘린 채 정신병원에 갇힌 안상구는 2년이 지나 나이트클럽 화장실에서 일하며 와신상담한다. 이때 우장훈이 안상구에게 접근하고, 이해관계가 일치한 두 사람은 거대한 적, '내부자들'을 상대로 힘을 합치기로 한다.

지난 추석, 가수 나훈아의 언택트 콘서트가 화제였습니다. 사상 초유의 팬데믹 사태를 맞아 명절에 가족을 만나는 것조차 여의치 않았던 때에 나훈아는 TV 공연으로 온 국민을 위로했어요. 그 공연에서 유독 화제가 된 곡이 있었으니 바로 '테스형!'입니다.

공연을 본 시청자들은 나훈아의 수많은 명곡들보다 신곡 '테스형!'에 더 열광했습니다. 물론 나훈아라는 가수의 빼어난 가창과 곡의 유려한 흐름 그리고 드라마틱한 완성도도 높이 평가해야겠지만, 시대를 관통하는 선명한 메시지를 담은 가사는 단연 압권이었습니다.

아! 테스형 세상이 왜 이래 왜 이렇게 힘들어
아! 테스형 소크라테스형 사랑은 또 왜 이래
(중략)
아! 테스형 아프다 세상이 눈물 많은 나에게

나훈아가 그토록 절절하게 이름을 부른 '테스형'은 철학자 '소크라테스'입니다. 소크라테스의 이름에서 '테스'만 따온 것이죠. 나훈아는 소크라테스에게 원망하듯, 칭얼거리듯 묻습니다. 세상이 왜 이러냐고.

그 물음에는 당혹감이 가득합니다. 이는 팬데믹 시대에 온 국민이 처한 상황과 절묘하게 맞아떨어지면서 큰 공감을 얻었죠. 어떻게 보면 대중이 하고 싶었던 말, '세상이 대체 왜 이렇게 되었는지'를 나훈아가 2,000년 전의 철학자에게 대신 물어봐준 것입니다.

잔혹한 수단의 세상

─────── 이뿐만이 아닙니다. 생활고로 일가족이 자살하는 가슴 아픈 사건과 미취학 아동을 폭행해 죽게 만드는 잔혹한 범죄가 연일 뉴스에 보도되었습니다. 그뿐인가요? 도덕성을 상실한 사회지도층의 일탈과 서로 다른 정치적 견해를 지닌 정부 인사들이 온갖 혐오적 발언을 쏟아내며 싸움을 벌이는 통에 민생 안정은 뒷전으로 밀려나기 일쑤죠.

대체 세상은 왜 이러는 걸까요? 비단 우리나라만의 문제는 아닙니다. 전 세계가 코로나19로 곤욕을 치르는 가운데 일본은 총리가 국내 여행을 장려하며 '고투트래블(Go to Travel)' 사업을 벌였고, 중국은 연일 자신들의 방역 성공을 자화자찬했습니다. 거기에다가 미국에서는 사상 처음으로 대통령이 선동해서 폭도들이 국회의사당을 점거하는 사건이 벌어졌죠. 세상이 이러하니 나훈아가 영어로 '테스형!'을 부르면 그래미상을 받을지도 모를 일이네요. 우스갯소리지만, 그만큼 세상이 어지럽다는 말입니다.

이렇게 세상이 혼돈에 빠지면 꼭 등장하는 사상가가 있습니다. 안타깝게도 소크라테스는 아니고, 바로 니콜로 마키아벨리입니다. 그가 쓴 《군주론》은 500년이 넘는 시간과 동서양의 공간을 뛰어넘어 오늘날까지도 수많은 이들에게 읽히는 고전입니다. 그 어떤 책보다 인간의 생존과 번영에 관해 신랄하고 본질적인 조언을 해주기 때문이죠.

마키아벨리의 세상은 도덕과 윤리가 배제된 '수단의 세상'입니다. 정치 권력을 지니기 위해 수단은 정당화되고 도덕은 도외시됩니다. '무엇이 도덕적인지'가 아니라 '어떻게 도덕적으로 보일지'가 관건이죠. 그야말로 사회지도층과 지배자들이 세상을 왜 이렇게 만드는지 엿보게 해주는 것이 바로 마키아벨리의 세계입니다. 그리고 여기, 지독하게 마키아벨리적인 영화가 있습니다. 바로 영화 〈내부자들〉입니다.

유능하고
타락한 자들

―――――― 이 영화에는 대한민국 사회를 움직이는 세 명의 '내부자들'이 등장합니다. 국내 굴지의 언론사 논설주간인 이 강희, 보수 정당의 대선 후보 장필우, 미래그룹의 오너인 오 회 장입니다. 이들은 각기 언론, 정치, 경제를 대표하는 인물들로 이들의 관계는 '삼두정치' 체제에 가까워요.

이들은 대단한 권력과 능력을 지닌 인물들입니다. 거대한 재 벌기업의 총수 오 회장은 명민하고 유능합니다. 유력한 대선 후 보로 등장하는 장필우는 검사 출신의 정치인인데, 당내 권력을 쥐고 있으면서 그만한 수완까지 갖춘 인물입니다.

마지막으로 이강희야말로 유능한 인물이죠. 오 회장의 측근

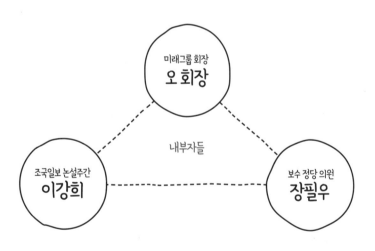

인 동시에 장필우를 정치권으로 끌어들인 장본인이에요. 언론사의 논설주간이라는 자리는 재벌그룹의 회장이나 유력한 대선 후보에 비하면 턱없이 작은 권력처럼 보이지만, 자신의 목적을 위해 언론이 지닌 힘을 사용하는 데 능수능란합니다. 시류를 읽을 줄 알고, 여론을 다룰 줄 알기 때문에 권력의 곁에 붙어서 이들을 움직이는 데에는 탁월한 능력을 보여줍니다.

먼저 영화는 초반부터 이들의 적나라한 성접대 장면을 보여줍니다. 경악을 금할 수 없는 여배우들의 노출신과 술자리는 선정적이라는 느낌보다는 '추잡'스럽습니다. 욕망은 모두에게 있는 것이지만, 타인의 추악한 욕망을 엿보는 것은 참으로 역겹기까지 합니다. 이 '내부자들'은 짐승보다도 더 자신의 욕망에 솔직합니다. 아니, 욕망의 노예들이라 할 수 있어요.

이들이 사는 세상은 그야말로 마키아벨리의 세상입니다. 도덕적으로 타락한 자들이 마음껏 욕망을 분출하며 살아가는 곳. 하지만 이들은 치밀하고 교묘한 능력으로 쉽사리 위험에 빠지지 않습니다. 어떻게 보면 르네상스 시대 이탈리아의 전제군주였던 체사레 보르자를 능가할 정도의 인물들이죠. 어쩌면 마키아벨리는 이런 '내부자들'을 옹호할지도 모릅니다. 마키아벨리의 사상이 처세술의 교본으로 소비되는 것을 인정하면서도 그의 세계관을 쉽사리 받아들일 수 없는 이유이기도 합니다. 영화가 보여주는 것이 진정 대한민국의 현실일까요? 만약 이게 현실이라면, 과연 우리는 받아들일 수 있을까요?

수단과 방법을 가리지 않고 욕망하는 존재들
───────────

조국일보 논설주간 이강희는 참으로 대단한 인물입니다. 신문을 보며 혀를 차는 오 회장에게 이강희는 "어차피 대중은 개, 돼지입니다. 뭐하러 개, 돼지들에게 신경을 쓰시고 그러십니까? 적당히 짖어대다가 알아서 조용해질 겁니다"라고 말하는데요. 영화는 이 장면에서 이강희의 입을 클로즈업합니다. 그의 대사에 특별히 귀 기울여 달라는 의미지요.

장필우는 어떻습니까? 그는 영화 초반부터 몰락하기 직전까지 거의 모든 장면에서 접대나 뇌물을 받거나 누군가의 폭행을 사주하고 음모를 꾸미고 있습니다. 그리고 오 회장은 이 모든 악의 정점에 선 인물로, 진정한 권력자라 할 수 있어요.

영화는 이 '내부자들'에 맞서는 인물로 두 남자를 등장시킵니다. 빛의 칼잡이와 어둠의 칼잡이, 안상구와 우장훈입니다. 안상구는 내부자들의 뒷일을 봐주는 정치깡패로 또 다른 성공을 꿈꿨으나, 내부자들에게 한쪽 손목을 잃은 후 버려집니다. 우장훈은 경찰 출신 검사로, 지방대학을 졸업했다는 이유로 소위 끌어주는 인맥이 없어 승진을 코앞에 두고 번번이 주저앉고 말아요.

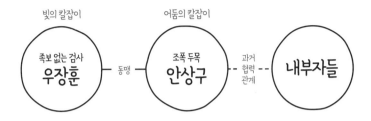

빛의 칼잡이 　　　　어둠의 칼잡이

족보 없는 검사
우장훈 ─동맹─ 조폭 두목
안상구 ┄과거┄ **내부자들**
협력
관계

　손은 잡았지만 둘의 목적은 분명 다릅니다. 안상구의 목적은 복수, 우장훈의 목적은 정의에 있습니다. 목적의 선악을 구분하자면 안상구는 악에 가깝고 우장훈은 선에 가깝죠. 그런데 우장훈이 추구하는 정의는 진정한 선이라기보다는 검사로서 자신의 태생적인 결함을 극복하기 위함이라고 볼 수도 있어요. 또 이들은 목적의 선악과는 별개로 수단을 행할 때는 도덕을 고려하지 않는다는 점에서 비슷합니다.

　그렇기에 두 사람은 다른 의미에서 '마키아벨리적 인간'에 부합합니다. 복수를 위해서 자신을 사랑하는 여인 주은혜를 성접대 장소로 보내고, 끝내 그녀를 죽게 만든 안상구. 그런 조폭과 손을 잡고 추잡하기 짝이 없는 '내부자들'의 세계로 들어가기를 주저하지 않은 우장훈은 모두 비정하기 짝이 없는, 마키아벨리의 아이들입니다.

　이들이 맞선 적수 중 가장 강한 상대는 바로 이강희입니다. 검사에게 취조를 당하면서도 전혀 굽힘이 없던 이강희가 기자들 앞에서 꺼낸 말은 그야말로 압권입니다.

이강희　　그리고 또한 대선을 앞둔 상황에서 이러한 사건이 벌어진 것은, 조폭 안상구가 알 수 없는 조직의 사주를 받은 정치 공작과 연관이 있는 것으로 볼 수가 있습니다. 아, 단어 세 개만 바꿉시다. '볼 수가 있다'가 아니라 '매우 보여진다'로.

　'볼 수가 있다'를 '매우 보여진다'로 바꾸면 비문이 되면서 뉘앙스는 완전히 달라집니다. 굳이 이런 비문을 쓴 이유는 무엇일까요? 이는 이강희가 저열한 수준의 교양이나 전문성을 지녔다는 것을 상징하거나, 논설위원임에도 자신이 전달하고자 하는 바를 강조하기 위해서는 비문을 쓰는 것도 개의치 않는다는 의미를 담고 있어요.

　그는 '대선을 앞둔 상황', '조폭 안상구', '알 수 없는 조직의 사주', '정치 공작'이라는 네 가지 단어를 사용해서 자신이 의도한 바를 명확하게 드러냅니다. 대중들에게 지금이 대선을 앞둔 민감한 상황이라는 것을 상기시키고, 동시에 안상구는 조폭이니 그의 말은 신뢰할 수 없음을 인지시키는 거죠. 나아가 '알 수 없는 조직'이라는 새로운 정보를 제시해 주의를 환기시킵니다. 안상구는 조폭이므로 무식해서 이런 '정치 공작'을 꾸밀 수 없으니 '알 수 없는 조직의 사주'가 더욱 설득력을 갖습니다. 거기에 '대선을 앞둔 상황'에 '정치 공작'을 하는 '알 수 없는 조직'

이라면 자연스럽게 대중은 상대 정당을 떠올리게 되는 거죠.

　사건의 본질을 흐리면서 정작 본인의 입으로 이 사건을 정치적 공작으로 이용하는 치밀함을 발휘한 것입니다. 그야말로 '도덕성'이 결여된 대표적인 인물입니다. 자신의 목적을 달성하기 위해서는 얼마든지 권력과 힘을, 그러니까 '말'을 동원하고 비틀 준비가 되어 있는 사람이죠. 그리고 무엇보다도 유능합니다. 이때의 '유능함'은 정의와 도덕과는 거리가 멀어요. 그의 유능함, 즉 '수단'이야말로 마키아벨리의 세상에서 가장 중요한 덕목입니다.

신앙도 도덕도 거부한 수단의 정치사상가

──────── 마키아벨리는 수단의 정치사상가입니다. 그는 어떤 도덕적·윤리적·관념적 진리나 목적보다는, 효과적이고 올바른 '방법론'에 집중하는 모습을 보이기 때문입니다. 유럽과 서양의 철학자들은 근대 철학자라 할지라도 그리스도부터 언급하는 것이 정석입니다. 철학자 로크 역시 신의 존재를 언급했어요. 즉 절대적인 선, 유일신의 존재를 인정한다면 도덕이란 그 절대 선으로부터 파생된 것이어야 정당하고 합법적인 것이죠.

말하자면 '에덴 동산의 논리'에 가깝습니다. 에덴 동산에서는 어떤 식으로 합법적인 권력을 받게 될까요? 에덴 동산의 권력은 '신'에게서 나옵니다. 아담이 각종 동식물의 이름을 지을 수 있었던 권력은 하나님이 준 것이므로 합법적입니다. 그것이 황제나 교황의 합법적 권력의 형태와 연결된다고 본 것이죠. 즉 정당한 권력은 교황에게서 나오든 황제에게서 나오든 어디에선가 도출된 것이어야 합니다. 그리고 그 근원은 당연히 그리스도교적 진리인 것입니다.

하지만 평소 그리스도교적 선을 긍정하던 마키아벨리가 《군주론》에서는 신앙에 관심조차 주지 않습니다. 《군주론》 18장에서는 신앙이 자기에게 이득이 되면 지키고, 그렇지 않으면 지켜서는 안 된다고 말합니다. 나아가 필요하면 신앙을 버리기까지 해야 한다고 주장합니다. 당시로서는 그야말로 파격 그 자체입니다. 마키아벨리의 세계에서는 군주가 착하면 곤란해요. 군주는 여우처럼 교활하고 사자처럼 맹위를 떨쳐야 합니다.

군주는 짐승의 방법을 교묘히 사용할 필요가 있으며, 야수 중

에서도 여우와 사자의 본을 따라야 한다. 그것은 사자는 올가
미를 눈치채지 못하고, 여우는 늑대로부터 자기를 지키지 못하
기 때문이다. 따라서 올가미를 알아차리기 위해서는 여우일 필
요가 있고 늑대를 놀라게 하기 위해서는 사자일 필요가 있다.

《군주론》

그렇기에 마키아벨리는 자유로운 경쟁 속에서 권력을 쟁취할
능력을 갖춘 유능한 지도자에게 권력이 주어져야 한다고 믿습
니다. 그는 권력, 폭력, 악과 같은 것들이 정치의 영역에서 배제
돼야 한다고 생각하지 않았습니다. 오히려 정치를 실천하는 조
건으로 간주했어요. 사실 오늘날의 정치 현실과 크게 다르지 않
습니다.

만약 마키아벨리가 동양인이었다면《삼국지》의 조조를 이상
적인 지도자의 전형으로 간주했을 겁니다. 조조는 수단에 있어
서는 정점에 이른 자로, 도덕성은 떨어질지언정 통솔력과 통치
력은 타의 추종을 불허했죠. 필요하다면 황제를 인질로 잡을 정

권력
마키아벨리 : ~~도덕~~이 우선이다!

도로 과감했으며 권력을 다루고, 분배하고, 다시 빼앗는 데는 그 누구보다 탁월했습니다.

정치학에서 수단은 중요한 문제입니다. 정치적으로 선한 목적을 지니고 있다고 한들 실패할 것이 뻔한 수단으로는 도전해 봐야 헛일이기 때문이죠. 체사레 보르자와 조조는 둘 다 목적을 달성하기 위한 수단을 옹호했고, 도덕적인 결함을 지닌 자들이었습니다.

우리는 대개 착하고 선한 목적을 지닌 사람은 행동도 선해야 한다고 믿습니다. 그러나 정치에서는 때로 과감하고 비정한 결단, 사악한 수단이 필요할 때가 있어요. 성공한 사람 중에 성자를 찾아보기 어려운 이유도 여기에 있습니다.

정치적 목적을 이루고 승리를 거두기 위해서는 권력이 필요합니다. 권력은 곧 힘입니다. 내가 지지하는 정치 세력이 승리한 것은 그 세력이 정의로워서가 아니라 힘이 우세하기 때문이에요. 그리고 권력은 여론에 의해 좌우됩니다. 이 여론을 좌우하는 것은 선전·선동, 즉 언론이 지닌 '말'이에요. 상대 세력을 깎아내리고 악해 보이게 만드는 한편, 자신들이 더 뛰어난 정치적 기량과 선한 목적, 탁월한 덕을 갖춘 것처럼 '보여지게' 하려면 여론을 조작해야 합니다. 치열한 정치 투쟁의 현장에서 당신은 이탈리아의 성직자 **사보나롤라**의 손을 잡겠습니까, 아니면 체사레 보르자나 조조의 편에 서겠습니까.

16세기 이탈리아에서 마키아벨리는 무수히 많은 비판자들에게 조롱당했습니다. 하지만 지금은 어떻습니까? 어쩌면 그 어느 때보다 마키아벨리의 수단이 기꺼워진 것은 아닐까요?

[사보나롤라]
이탈리아의 성직자이자 철학자. 시민적 자유와 종교적 삶을 결합시키려는 개혁을 추구했으나 실패 후 화형당했다.

과정보다
결과가 중요하다

영화 〈내부자들〉이 보여준 것은 '마키아벨리의 세상에서 누가 어떻게 살아남는가'입니다. 하지만 이 지점에서 한 가지 의문이 남습니다. 마키아벨리의 사상과 이념을 긍정한다고 할지라도 영화의 상황을 긍정할 수 있을까요? 목적의 선악을 군이 따지지 않고 영민하고 권력을 갖춘 자들을 긍정한다 한들, 이 영화의 내부자들을 긍정할 수 있겠느냐는 말입니다.

마키아벨리가 긍정하는 정치가와 권력자들은 도덕성은 타락했을지언정 능력은 탁월한 자들입니다. 그들은 자신의 욕망을 위해 권력을 이용했고 권력을 탐하기 위해 수단과 방법을 가리지 않은 권력의 노예, 욕망을 먹고 사는 괴물들이죠. 체사레 보르자가 그랬고, 조조가 그랬고, 조선 시대에는 수양대군이 그런 인물이었어요. 수양대군은 왕위를 위해서는 조카마저 잔인하게 살해했어요. 자신에게 반대하는 이들은 눈 하나 깜짝 안 하고 잔혹하게 죽이는, 뛰어난 수완을 오직 왕위를 향한 욕망을 채우는 데만 썼던 인물입니다.

과연 이들을 긍정할 수 있을까요? 그렇다면 조조는 어떻게 평가될까요? 조조는 '난세의 간웅'이라는 별명을 지녔지만, 누군가는 그를 삼국시대의 진정한 패자로 보기도 합니다. 묘사가 달라지듯 평가도 달라져요. 서주민을 학살하고 무수히 많은 사람들을 죽였던 그의 정치 행보는 마키아벨리의 군주론 관점에서는 긍정될 수 있습니다. 그가 행한 행동들이 백성들의 안정에, 국가의 안정에 기여했다고 평가한다면 말이지요. 실제로 조조가 하북을 평정한 후 전쟁은 줄었고 여러 정책을 통해 백성들의 삶도 안정되었습니다. 라이벌인 원소, 원술, 여포, 공손찬, 마등과 같은 제후들을 제압했기에 삼국은 점차 안정되었죠. 이런 측면에서 조조는 긍정적인 평가를 받을 수도 있습니다.

이렇듯 마키아벨리즘은 다소 결과론에 의존합니다. 목적의 선악에 관계없이 행위의 결과로 긍정과 부정을 판단합니다. 만약 마키아벨리가 체사레 보르자를 긍정하듯 조조를 긍정할 수 있다면, '내부자들' 역시 긍정할 수 있을지도 모릅니다. 만약 그들의 영민함과 권력을 향한 치밀함이 결과적으로 나라의 안정에 도움이 된다면 말이지요.

내부자들×마키아벨리

선(善)이란
무엇인가

마키아벨리의 주장들은 상당히 폭력적이고 과감합니다. 정치가와 권력자에게 목적과 의도를 묻지 않는다는 것은 대단히 위험한 일입니다. 왜냐하면 마키아벨리의 세계에서 정치가와 권력자의 관심은 권력에만 집중되어 있기 때문입니다. 그들은 권력을 유지하기 위해 무슨 짓이든 할 것이며 설령 그것이 대중에게 위해를 가하는 일이라 해도 자행할 것입니다. 이미 군사정권이 그런 모습을 보인 바 있죠. 역사에 무수히 많은 독재자, 폭력적인 권력자들이 보여준 모습이기도 합니다.

예를 들어 한나라를 세운 한고조 유방은 권력을 손에 쥐자 자신을 위해 싸웠던 한신을 토사구팽(兎死狗烹)했고, 소련의 스탈린은 1937년부터 1938년 사이에, 스탈린 체제에 조금이라도 비판적인 태도를 보이는 사람들은 모조리 숙청해버린 이른바 '대숙청'을 자행했습니다. 중국의 마오쩌둥도 '문화대혁명' 때 대학살을 자행했지요. 모두 권력을 유지하기 위한 잔혹한 수단들이었습니다. 인류사에 다시없을 잔인한 행동들은 모두 권력자의 욕망에서 비롯되었습니다. 마키아벨리의 주장, 즉 권력자, 정치가에게 '선악'은 논의의 대상이 아니며, 정치가는 비정하고 잔혹한 존재여야 한다는 식의 과격한 주장이 부정되어야만 하는 이유입니다.

마키아벨리는 강력한 지도자를 긍정하며 이탈리아의 통일을 염원했습니다. 이탈리아의 통일은 마키아벨리에게 '선'이었던 것이죠. 그런 의미에서 마키아벨리도 '선'을 추구한 사람입니다. 문제는 '선'이라는 것이 지금의 현대사회에서는 절대적인 기준이나 근거를 가지지 못한다는 점입니다. 마키아벨리는 그리스도교적인 선을 절대 선, 신으로 생각했습니다. 하지만 현대사회에서 그러한 '절대 선'은 존재하지 않으며, 우리는 서로 다른 '선'을 추구합니다. 인간은 불완전하기에 우리가 만든 규칙이나 '선'이라는 것들도 시간이 지나고 사회가 발전하면서 변해가기 마련입니다. 오히려 누군가가 자신을 절대적으로 선하다고 믿는 것은 굉장히 위험한 일입니다. 선하다는 믿음은 모든 행동을 합리화하기 때문입니다. 그러므로 우리는 하나의 '선'에 동의할 수 없고 동의해서도 안 됩니다. 토의와 토론을 통해 서로를 이해하면서 모두가 납득하고 양보할 수 있는 합의점을 찾아가야 합니다.

목적은 수단을 정당화할 수 없습니다. 마찬가지로 결과가 목적을 정당화할 수도 없습니다. 그렇기 때문에 〈내부자들〉의 권력자들은 악입니다. 이강희가 제아무리 독사 같은 언어의 화신이라 해도, 장필우가 권력의 정점에 있다 해도, 오 회장이 법과 정치까지 조종하는 재력을 가졌다 해도 그들은 모두 악입니다. 그들이 도덕적으로 타락해서가 아니라 타락한 목적을 지닌 자들이기 때문입니다.

여기에서 또 한 가지의 질문을 할 수 있습니다. '자기 깜냥의 선한 목적을 지니고 있으면서 능력도 뛰어나지만, 개인의 도덕은 타락한 인물을 마키아벨리는 긍정할 것인가?' 하는 질문입니다. 예를 들어 내부자들을 잡기 위해 함께 성접대까지 받은 우장훈처럼 말이죠. 물론 체사레 보르자의 사례로 알 수 있듯이 마키아벨리는 긍정할 것입니다. 그렇다면 우리는 어떤가요? 긍정할 수 있을까요?

도덕이 상실된 시대를 살아가는 법

영화 〈내부자들〉에서 정의는 얼핏 승리한 것처럼 보입니다. 하지만 안상구와 우장훈이 만날 때, 신문에는 '미래그룹'의 자동차 광고가 큼지막하게 실려 있습니다. 장필우를 실각시키고, 이강희를 감옥에 넣어도 돈의 권력은 변함없다는 것을 보여주고 있는 것이죠.

현실도 마찬가지입니다. 정치 지도자들의 도덕적, 윤리적 타락은 새삼스러운 일이 아닙니다. 재벌 총수가 횡령이나 배임 그리고 불법적인 세습 문제, 마약과 성매매 등에 연루되는 사건도 더 이상 새롭지 않습니다. 그럴 때마다 대중은 그들을 손가락질

하고 세상을 한탄하면서 도덕의 부재를 아쉬워하지만 '그때'뿐 이죠. 어느새 그 일들은 잊혀집니다. 도덕이 상실된 시대, 이 시대가 마키아벨리의 세상과도 같은 이유입니다.

현대사회, 즉 마키아벨리적인 세계에 살고 있는 우리는 사람은 결코 도덕적으로 완전무결할 수 없다는 슬픈 사실을 알고 있습니다. 그리고 도덕적인 흠결이 있는 지도자를 무수히 만나왔습니다. 그랬기에 우리는 '개인의 윤리의식'이 부족하더라도 능력 있고 선한 목적(우리가 선하다고 합의한)을 지닌 지도자를 은연중에 원하고 있는지도 모릅니다. 도덕적 문제 정도는 눈감아 줄 수 있다고 생각하는 것이죠. 결국 우리는 여전히 타락한 체사레 보르자를, 잔혹한 조조를 그 자리에 앉히려 합니다. 씁쓸한 맛이 입가를 맴돌지만 어쩔 수 없는 현실입니다.

하지만 언제까지나 이런 상황을 용인할 수는 없지 않을까요. 마키아벨리의 세상이 현실이라 하더라도 그런 세상을 결연히 거부하는 지성과 용기 역시 필요합니다. 썩어버린 세상을 한탄하면서 주저앉아 있으면 "대중은 개, 돼지에 불과하다"고 말하는 이강희 같은 인물의 등장을 막을 수는 없겠죠. 우리는 보다 나은 대안을 찾아야 하고, 끊임없이 도덕적 순수성을 그들에게 요구해야 합니다. 마키아벨리를 향해 "틀렸다"고 말할 수 있을 때 우리가 사는 세상은 분명 더 나아질 것입니다.

내부자들×마키아벨리

너무 현실적이라 공포스러운 19금 영화

〈내부자들〉은 '19금 영화'다. 영화가 그리는 묘사가 아주 폭력적이고 선정적이기 때문이다. 하지만 그 부분, 선정적이고 폭력적인 부분을 배제하고 보면 이 영화의 현실성에 놀라게 된다. 우리가 살아가는 대한민국 사회를 너무나 실감 나게 그리고 있기 때문이다.

이 영화에서 무엇보다도 인상적인 것은 바로 '무기'에 있다. 영화의 인물들은 저마다 독특한 무기를 지니고, 그것으로 세상과 투쟁하고 있다. 예를 들면 어둠의 칼잡이라고 부른 조폭 두목 안상구. 그는 도끼로 사람을 공격한다. 반면 오 회장의 수행 비서인 미래자동차 조 상무의 무기는 바로 톱이다. 아주 위협적인 무기다. 족보 없는 검사, 빛의 칼잡이 우장훈의 무기는 수갑이나 권총 등으로 대표되는 공권력일 것이다. 모두 폭력, 물리적인 힘과 연결되어 있다. 하지만 이러한 물리적인 무기들을 상회하는 강력한 무기는 모두 내부자들이 지니고 있다.

영화의 가장 강력한 적 중 하나인 조국일보 논설주간 이강희의 무기는 바로 펜이다. 안상구의 도끼가, 안상구의 폭로가 이강희에게 닿지 않는 이유이기도 하다. 이강희가 휘두르는 펜대의 움직임에 무수히 많은 이들이 생명을 잃거나 망하거나 이 판에서 탈락하게 된다. 다수를 상대하는 강력한 무기인 셈이다.

그리고 이강희와 '정의의 고독한 승부사' 장필우의 공통적인 무기는 '말', 바로 언어다. 이러한 추상적인 무기야말로 도끼와 톱을 압도하는 강력한 무기다. 안상구가 장필우의 비자금 의혹을 폭로했을 때, 관련자로 검찰에 출석했던 이강희가 언론을 상대로 말을 하는 장면은 압권이다. 백윤식이라는 배우의 능력이 십분 발휘되는 장면이기도 한데, 단어를 하나씩 고르면서 천천히 말하는 그 디테일에 소름이 끼칠 정도다. "말은 권력이고 힘이야"라는 이강희의 평소 신념이 그대로 드러나는 장면이기도 하다.

　말로 국민들의 환심을 사는 장필우, 펜으로 세상을 좌우하려고 하는 이강희. 이 둘이 지닌 '언어'보다 더 강력한 힘이 있을까? 있다. 미래그룹 오 회장이야말로 그 힘의 정점에 선 사람이다. 영화에서는 장필우가 처음 등장할 때 오 회장에게 허리를 굽혀 깍듯이 인사하는 장면이 나온다. 그는 오 회장이 주문한 법안을 통과시켰다는 '보고'까지 한다. 누가 상급자고 누가 부하인지 명백하게 드러나는 장면이다. 게다가 장필우가 유력한 대통령 후보라는 걸 생각해보면 참으로 의미심장하다. 자본주의 사회에서 권력의 정점에는 결국 돈이, 금전이 있다. 장필우의 말도, 이강희의 펜도 살 수 있는 것. 그것이 바로 돈이다.

　〈내부자들〉의 이야기가 너무도 현실적이라서 씁쓸하다는 평을 받는 것도 그런 이유일 것이다. 안상구의 폭로가 있었을 때, 이강희는 출두하여 언론을 조종했지만 오 회장은 아프다면서 검찰 출두를 피했다. 영화의 마지막 장면에서 미래자동차 광고가 실린 신문을 읽는 장면은 그야말로 섬뜩하다. 이 정도면 장르를 '공포'로 봐도 괜찮지 않을까?

마키아벨리 Niccolò Machiavelli, 1469~1527
조국을 영혼보다 더 사랑한 정치철학가

마키아벨리가 로렌초 2세에게 바친《군주론》과 같은 시기에 쓴《로마사 논고》는 더 방대한 저술임에도《군주론》보다 덜 알려졌다. 그는 이 책에서 공화제를 열렬히 옹호하며, 자유주의를 지지하는 면모를 보인다. 반면 메디치 가문의 호의를 얻기 위해 집필한《군주론》에서는 공화국에 관한 내용은 논의하지 않겠다고 일축한다. 그래서《로마사 논고》를 읽지 않으면 마키아벨리의 주장에 편견을 지니기 쉽다.

그의 냉혹한 정치사상가로서의 이미지를 만드는 데 일조한 인물은 바로 체사레 보르자다. 그는 교황 알렉산데르 6세의 아들로서 동생인 후안의 죽음에 연관되었다고 의심받기도 했고, 알렉산데르의 사후 영토를 차지하기 위해 교황의 이름으로 무력 정벌을 하고, 자신의 측근이 교황에 선출되도록 추기경 위원회 선거를 조작까지 한 몹시 위험한 인물이었다.

마키아벨리는 체사레의 이 악랄한 행동을 "지금까지 체사레 공이 정치적으로 행동한 면면을 회고하여 평가해보면, 탓할 것은 하나도 없다"고 말했다. 오히려 행운이나 남의 무력으로 정권을 잡은 자들에게 모범 사례로 내세워야 한다는 말까지 덧붙인다. 하지만 마키아벨리가 체사레의 모든 것을 칭찬한 것은 아니다. 오히려 체사레가 이탈리아를 분열시켰다는 이유로 비판하기까지 한다. 즉 마키아벨리가 생각하는 이상적인 군주란 체사레처럼 명민하고 사악하면서도, 보다 나은 목적을 지닌 사람일 것이다. 어쩌면 마키아벨리가 원한 이탈리아의 통일을 이뤄낼 수 있는 사람이기를 바랐을지도 모른다.

Chapter 9

가면이
두렵지 않은
시대

다크 나이트
(feat. 소리도 없이)

×

융

다크 나이트
The Dark Knight

감독 크리스토퍼 놀란 **개봉** 2008년

고담시에서 한 은행이 광대 가면을 쓴 강도들에 의해 습격당한다. 광대 가면을 쓴 강도들은 돈을 챙기면서 서로 죽이느라 여념이 없다. 그리고 마지막에 살아남은, 모든 것을 계획한 자는 바로 조커였다.

한편 '어둠의 기사' 배트맨이자 억만장자 브루스 배너는 때마침 고담에 나타난 새로운 영웅, 악에 맞서는 정의의 검사인 하비 덴트의 등장을 유심히 바라본다. 법의 이름으로 악을 심판하는 하비가 있다면, 밤의 자경단인 배트맨은 존재할 필요가 없어지기 때문이다. 경찰청장 고든의 소개로 하비의 일을 도와주게 되는 배트맨. 둘은 고담의 악을 조금씩 청소해간다. 위기에 몰린 마피아들 앞에 조커가 나타나는데….

소리도 없이
Voice of Silence

감독 홍의정 **개봉** 2020년

태인과 창복은 범죄 조직의 하청을 받아 시체 수습을 하며 살아가는 근면성실한 이들이다. 어느 날 이들은 조직폭력배 실장에게 11살 초희를 맡아달라는 부탁을 받는다. 실장에게 아이를 인계받은 창복과 태인은 다음 날 아이를 돌려주려 하지만 실장은 조직에서 배제되어 시체가 된 상태. 창복은 우선 태인의 집에 초희를 맡긴 후, 초희를 처리할 방법을 고심하게 된다. 한편 초희는 처음 본 사람들에게 둘러싸여 위험천만한 시기를 보내게 되는데….

'부캐'라는 말을 아시나요. '부캐릭터'의 줄임말로, 원래는 MMORPG 같은 게임에서 생겨난 용어입니다. 주력으로 키우는 캐릭터가 아닌, 새로 육성하는 캐릭터를 뜻하죠. 예컨대 게임에서 전사로 주로 플레이하던 사람이 마법사나 사제 캐릭터를 추가로 만들어 플레이하면 바로 '부캐'인 거죠.

최근에는 특히 방송에서 부캐 열풍이 뜨겁습니다. MBC 〈놀면 뭐하니?〉에서 방송인 유재석이 트로트 가수라는 새로운 캐릭터 '유산슬'로 크게 성공한 뒤 많은 부캐들이 쏟아지고 있죠. 매드클라운은 마미손, 가수 비는 비룡, 이효리는 린다G, 유재석은 계속 부캐를 양산하고 있더군요. 사실 이런 부캐 개념이 최근에 생겨난 것은 아닙니다. 두 개의 이름, 두 개의 자아를 활용하는 것은 그전에도 있었어요. 예를 들어 영국의 싱어송 라이터 데이비드 보위는 화성에서 온 외계인 '지기 스타더스트'라는 부캐를 만들어 활동하기도 했습니다. 어떻게 보면 '라이너' 역시 저의 부캐입니다. 그 내면에는 실패의 아픔을 곱씹던 성격 나쁜 청년이 있죠.

우리는 누구나 가면을 쓴다

──────── 그런데 잠시 여기에서 카메라가 '나'를 향하도록 해볼까요. 단지 게임이나 방송뿐만이 아니라 우리가 사는 현실도 이미 부캐들의 연극판입니다. 근무시간에는 열심히 회사에 다니는 회사원이지만, 그 외 시간에는 인터넷 공간에서, 게임에서 다른 내가 되곤 합니다. 다른 세계에서는 그 누구도 회사원처럼 행동하지 않아요. 그러한 사회적 구속과 한정된 역할에서 벗어나기 위해 가상현실의 새로운 내가 되는 것이니까요. "우리는 인생이라는 무대 위에서 한바탕 연극을 하고 있다"는 옛말이 떠오르는 지점이죠.

이처럼 부캐는 또 다른 나를 적극적으로 표현한다는 점에서 새롭지만, 사실 본질은 이미 익숙합니다. 우리는 늘 연기를 하며 살아가요. 상대를 살피고, 상대에 맞춰서 내 태도나 표정, 말투를 바꿔가며 적절한 연기를 펼칩니다. 이것이 사회생활이죠. 인간은 사회적 존재이고, 태생적으로 연기자이자 배우라는 의미입니다. 우리 안에는 모두 배우가 있습니다. 어떤 의미에서 우리는 모두 가면극 속의 인물인 것입니다.

누군가는 '진정한 나'를 말하기도 해요. 가면극 속의 배우는 거짓이고, 가면 속에 진정한 자신이 있다는 주장이죠. 답답한 얘기입니다. 진정한 나가 있다는 믿음은 우리의 자아를 억압하는 사슬과도 같습니다.

부캐가 '가짜 나'라면 '라이너'도 가짜가 됩니다. 그렇다면 라이너는 가면에 불과하고, 아무도 알아주지 않던 무명의 청년이 '진정한 나'일까요? 라이너라는 가면을 벗으면 진정한 나라는 맨얼굴이 있는 걸까요?

아쉽게도 그걸 확인할 방법은 없습니다. 저는 가면을 벗는 방법을 잊어버렸고, 그런 저에게 '가면을 벗고 맨얼굴을 확인하라, 그게 진짜다'라고 강요한다면 그것은 억압이고 구속이며 폭력과 같은 것입니다. 가면, 즉 '라이너'가 바로 저에게는 제 자신입니다. 우리는 자유롭게 가면을 쓸 수 있고, 가면은 새로운 자아입니다. 새로운 자아는 곧 해방의 다른 표현이죠.

인간에게 가면이 필연적이라 말한 사상가가 있습니다. 바로 카를 융입니다. 그리고 그는 우리가 쓰고 다니는 가면을 이렇게 불렀습니다. '페르소나'.

페르소나의 향연, 배트맨 '다크 나이트' 시리즈

———————————— 영화에도 가면 쓴 캐릭터가 많습니다. 그중 실제로 마스크를 쓴 히어로도 있죠. 가면 쓴 영웅, '배트맨'의 등장은 1939년으로 거슬러 올라갑니다. 배트맨

은 현실을 그대로 옮겨놓은 듯한 부패한 사회상과 고담이라는 가상 도시를 배경으로 활약하는 어둠의 기사라는 점에서 '슈퍼맨'과 함께 DC 코믹스를 대표하는 인기 영웅으로 자리매김했죠. 코믹스에서 얻은 큰 인기를 바탕으로 TV 드라마, 영화 등의 미디어 믹스가 활발하게 이루어지기도 했는데, 1989년 팀 버튼의 〈배트맨〉을 시작으로 배트맨 영화는 업계에서 독보적인 위치를 차지하며 큰 인기를 누립니다.

〈배트맨〉, 〈배트맨 2: 리턴즈〉까지 성공시킨 팀 버튼의 능력은 대단했습니다. 팀 버튼 감독 특유의 색채는 배트맨의 어둡고 기괴한 매력과 만나 그 시너지를 한껏 뿜어냈죠. 그러나 워너브러더스는 감독을 조엘 슈마허로 교체한 후 〈배트맨 3: 포에버〉를 제작합니다. 발 킬머와 니콜 키드먼, 토미 리 존스에 짐 캐리까지 내세운 화려한 라인업을 자랑했지만 정작 완성도는 팀 버튼의 영화보다 떨어졌습니다. 조엘 슈마허의 의도와 달리 워너브러더스는 어린이 취향의 영화를 만들길 원했고, 그러다 보니 유치한 농담을 늘어놓는 악역들이 등장하게 되었지요. 짐 캐리의 리들러 연기는 훌륭했지만 토미 리 존스의 투 페이스는 실망스러웠습니다.

그러나 〈배트맨 3: 포에버〉에 대한 비판은 조엘 슈마허의 후속작 〈배트맨 4: 배트맨과 로빈〉이 나오면서 반전 국면을 맞습니다. 조엘 슈마허의 〈배트맨 4: 배트맨과 로빈〉은 히어로 영화계의 재앙과 같은 작품으로 굳이 달리 표현하자면 진도 8.0의 지진에 맞먹는 괴작이었어요. 조지 클루니가 분한 배트맨은 시종일관 썰렁한 농담을 내뱉고, 영화 내내 말도 안 되는 상황이 벌어졌으며, 아널드 슈워제네거는 히어로 영화 사상 가장 멍청한 악역이란 오명을 뒤집어써야 했습니다. 개봉 당시부터 많은 평론가들이 한숨을 내쉬었고, 시간이 지나면서 〈배트맨 4: 배트맨과 로빈〉의 괴이하기 짝이 없는 장면들은 조롱거리가 되어 인터넷 세상에서 조리돌림을 당했습니다. 이후 출시된 DVD에서 조엘 슈마허는 자신의 영화를 보고 상처 입은 사람들에게 진지하게 사과하는 모습을 보이기도 했으니 정말 대단한 일이었죠.

배트맨 시리즈마저 무너진 틈을 타 때마침 DC 코믹스의 라이벌인 마블 코믹스의 영화들이 선전하며 시장을 장악하기 시작했습니다. 히어로 영화를 향한 대중의 수요가 여전한 가운데, 마블 코믹스는 〈엑스맨〉 시리즈와 샘 레이미의 〈스파이더맨〉 트릴로지를 앞세워 시장을 공략했죠. 조엘 슈마허가 만든 두 편의 배트맨 영화로 쓴맛을 본 워너브러더스는 당대 떠오르는 신성이자 천재라는 평가가 자자했던 루키를 영입합니다. 바로 크리스토퍼 놀런입니다.

크리스토퍼 놀런은 〈다크 나이트〉 트릴로지 외에도 〈인셉션〉, 〈인터스텔라〉, 〈덩케르크〉와 같은 영화를 만들면서 이 시대 최고의 감독으로 성장했습니다. 2020년에 개봉한 〈테넷〉은 비록 전작의 완성도나 감독의 명성에는 미치지 못했지만, 여전히 '놀런의 영화'라는 평을 받기에 부족함이 없었죠. 그럼에도 그런 그의 작품 중 대표작을 딱 하나만 뽑으라고 한다면, 사람마다 약간의 차이가 있겠지만 대다수는 〈다크 나이트〉를 일순위로 뽑을 것입니다.

영화 〈다크 나이트〉는 눈을 뗄 수 없을 정도로 박진감 넘치는 연출, 숨을 참게 만드는 서스펜스와 강한 흡인력을 지닌 플롯, 거기에 고인이 된 히스 레저가 보여준 불세출의 연기가 어우러진 걸작이었습니다. 가히 히어로 영화 역사상 최고로 추대되기에 손색이 없는 작품이죠.

경박한 억만장자 vs. 고뇌하는 배트맨

우리는 모두 사회적인 인간이며, 사회생활을 위해서는 어느 정도의 가면, 페르소나가 필요하다는 것을 압니다. 그렇다면 배트맨의 가면은 어떨까요?

배트맨은 맨얼굴을 숨깁니다. 눈과 입을 제외하고는 모두 가면으로 가리고 있어요. 배트맨의 가면과 복장은 박쥐를 연상케 합니다. 배트맨의 맨얼굴, 브루스 웨인에게 박쥐는 공포의 대상이었습니다. 즉 그가 박쥐 복장을 하는 이유는 상대에게 공포를 주기 위해서죠.

브루스 웨인이 선택한 가면이 밤의 자경단원, 고담의 수호자 배트맨이라면 그의 진짜 얼굴은 경박한 억만장자 모습인 걸까요? 융은 인간 심리의 구조를 의식과 무의식으로 구분했습니다. 의식의 세계에서 페르소나와 무의식을 연결하는 것이 바로 우리 의식의 중심인 '자아(ego)'입니다. 페르소나는 하나의 사회적 인격인데 자아는 언제나 페르소나로 일컫는 가면을 쓰고 사회활동을 한다는 것이죠. 이에 따르면 브루스 웨인이 보여주는 또 다른 모습인 경박한 억만장자이자 플레이보이라는 모습 역시 페르소나입니다.

융의 분석심리학 개념은 어떻게 보면 명확하고 직관적이며 간결합니다. 의식의 대극으로 무의식이 존재하는데 그 무의식

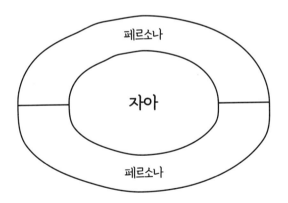

의 세계에 온갖 콤플렉스가 가득해요. 물론 콤플렉스는 의식의 세계에도 존재합니다. 또한 의식과 무의식의 접점에는 '그림자(Shadow)'가 존재합니다. 그림자란 개인이 숨기고 싶은 모든 불쾌한 요소들을 모은 것으로 인간 성격의 부정적인 면을 말하죠. 인간이 가진 특성 중에서 열등하고, 가치 없고, 원시적인 부분이며, 자아의 어둡고 부정적인 부분입니다. 그림자는 없앨 수 있는 것도 아니고 부정할 수 있는 것도 아니에요. 우리 모두에게는 그림자가 있으며, 그림자가 있기에 우리는 인간으로 존재할 수 있습니다. 빛이 있으면 어둠이 있듯이 그림자의 존재는 자연스러운 것입니다. 브루스 웨인의 내면에 드리운 그림자 역시 브루스 웨인을 존재하게 만드는 중요한 부분이라는 것이죠. 그러므로 그림자를 거부하지 말고 그림자와 화해해야 한다고 융은 말합니다.

우리 안의
무의식은 어떤 모습인가

──────────── 또한 융은 무의식을 개인 무의식과 집단 무의식으로 구분했습니다. 개인 무의식은 어떤 개인이 살아오면서 축적된 의식적인 경험이 무의식에서 억압되면서 그 사람의 행동이나 생각, 감정에 영향을 주는 것입니다. 그리

고 개인 무의식보다 깊은 곳에 **집단 무의식**이 있고, 이는 '원형'과 '상징'으로 구성되어 있습니다.

원형(Archetype)은 특정 시대나 문화에서 공통적으로 나타나는 이미지나 심상으로, 집단적으로 공유되는 무의식적인 특질을 말합니다.

[집단 무의식]
옛 사람들이 경험한 의식이 쌓인 것으로서 모든 사람들이 공통적으로 지닌 정신의 바탕이다. 이러한 옛 사람들의 경험은 원형이 되어 신화, 전설, 민담 등에 스며들어 계승된다.

또한 남성은 무의식 속에 여성성을 지니고 있는데 이를 '아니마(Anima)', 여성에게 존재하는 무의식의 남성성을 '아니무스(Animus)'라고 부르는데 이 둘 모두 원형의 하나입니다.

각 문화권의 신화도 집단 무의식의 핵심적인 예입니다. 융은 어떤 남자가 꿈에서 보았다는 이미지가 특정 신화의 이미지와 동일하다는 것을 알고 전율합니다. 그 남자가 그 신화에 대해 알 가능성은 없었기 때문입니다. 이처럼 신화를 분석해보면 서로 만났을 리도, 알고 지냈을 리도 없는 다른 문화권에서 비슷한 이미지를 공유하거나 같은 원형을 가진 것을 알 수 있어요. 이는 집단적 무의식 안에 공유되는 이미지가 있다는 강력한 증거인 셈입니다.

이때 남자가 꿈에서 보았다는 이미지처럼 원형이 꿈·종교·만다라 등으로 그 모습을 드러내는 것이 바로 상징(Symbol)입니다. 그리고 집단 무의식의 가장 깊은 곳에 마음 전체의 중심이며 마음의 발달이나 변용 작용의 근원적인 원점이 되는 원형이자, 정신으로 하여금 전체성 혹은 전일성을 유지케 하는 원동력인 '자기(self)'가 존재합니다. 우리는 전체를 아우르는 인격, 즉 자기에 다다르려는 요구에 직면합니다. 이를 '자기실현'이라 부르며, 이는 필연적인 것이죠.

브루스 웨인과 두 개의 가면

브루스 웨인의 페르소나는 크게 둘로 구분합니다. 배트맨과 억만장자 브루스. 이 중에서 억만장자 브루스는 사회의 기대, 자신의 처신과 욕망이 두루 발현되어 만들어진 가면입니다. 돈 많고 자신감이 넘치고 플레이보이인 페르소나입니다. 사회적으로 그에게 주어진 위치를 충분히 고려한 페르소나임을 알 수 있죠.

반면 배트맨으로서의 브루스 웨인은 보다 엄격하고, 보다 파괴적인 성향을 보입니다. 불살(不殺)의 신념은 배트맨의 가면을 쓰기 위해 만든 마음의 도피처 같은 것이죠. 이러한 배트맨의 가면은 브루스 웨인의 욕망과 두려움, 부정적인 감정이 동원된 '그림자의 페르소나'라고 할 수 있어요. 브루스 웨인의 그림자는 어렸을 때 형성된 것입니다. 영화관 앞에서 괴한의 총에 살해당한 부모님의 모습은 브루스 웨인을 평생 동안 괴롭히는 트라우마가 됩니다. 악당에 대한 반감, 총기에 대한 혐오, 경찰 등 공권력에 대한 불신 등이 그의 그림자를 이루고, 그 그림자의 투영으로 만들어진 페르소나가 바로 배트맨이라는 가면인 것이죠. 박쥐에 대한 불길하고 두려운 이미지는 일종의 원형으로 볼 수 있습니다. 일반적으로 어두운 동굴에 살며 거꾸로 매달린 채 날개로 몸통을 숨긴 박쥐의 모습은 섬뜩하게 다가옵니다. 배트맨의 페르소나는 그러한 원형이 반영되어 완성된 것이죠.

그렇다면 브루스 웨인의 자아는 어떤 모습일까요. 아마 알프레드 앞에서 보이는 침착하고 진지한 모습이겠죠. 배트맨일 때의 파괴적이고 충동적인 면이라든지, 억만장자 브루스일 때의 가볍고 경솔한 모습은 보이지 않습니다. 평상시의 브루스 웨인은 배트맨과 억만장자, 두 개의 가면을 바꿔 착용하며 내면의 그림자와 사회적 요구 양측의 균형을 유지합니다. 그렇기에 알프레드 앞에서 냉정하고 침착한 브루스 웨인 본래의 자아가 무너지지 않는 것이죠.

그런데 융은 자아가 흔들리는 순간이 있다고 말합니다. 바로 가면, 페르소나가 비대해질 때입니다. 사회적 자아인 페르소나는 때로 분열을 겪는데, 융에 의하면 이는 자연스러운 일입니다. 다만 '페르소나의 팽창'을 주의하라고 합니다. 페르소나가 팽창하여 자아를 침범하게 되면 인간은 자기를 잃고 방황하게

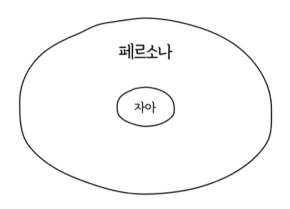

된다는 것이죠.

〈다크 나이트〉에서 브루스 웨인이 흔들린 장면을 보면 쉽게 알 수 있습니다. 사랑에 실패했을 때 브루스 웨인은 억만장자인 자신의 가면에 의지하죠. 방탕해져 술과 파티와 환락에 빠지지만, '나답지 않은 일'을 택한 후 그에게 남는 것은 후회와 공허함뿐입니다. 때로 조커와 같은 강력한 적이 등장할 때는 배트맨의 가면에 자신을 맡깁니다. 적과 싸우기 위해 배트맨에 더욱 몰입하지만, 그에게 돌아오는 것은 배트맨의 자기 파괴적인 성향입니다. 일부러 위험 속으로 뛰어들고, 위악적인 모습을 드러내는 거죠. 어느 쪽이든 페르소나가 비대해질 때마다 브루스 웨인은 고통에 시달립니다.

누구나 타인에게서 혹은 사회적으로 기대 받은 일이 있을 것입니다. 부모의 기대일 수도 있고 친구나 주변 지인들의 기대일

다크 나이트(feat. 소리도 없이)×융

수도 있죠. 그런 기대에 부응하기 위해 '나답지 않은 일'을 해본 경험도 누구나 있을 것입니다. 직업 선택, 전공 선택, 나아가서는 배우자를 선택하는 일까지 비대해진 페르소나에 휘둘리게 된다면 어떻게 될까요? 이런 경우 '자기'를 잃어버리기 십상입니다. 공허하고 허무한 감정 또는 깊은 후회와 자책이 뒤따르게 마련이죠. 비대해진 페르소나는 자기실현을 방해하고 혼란스럽게 만듭니다.

더 나아가 페르소나의 팽창이 자아를 완전히 대체하는 경우에는 자아를 잃고 과대망상에 빠지게 된다고 융은 말합니다. 만약 브루스 웨인이 자신이 웨인임을 잊고 배트맨으로서만 살아간다고 생각해보세요. 고담에는 자신을 정의의 사자라 믿는 또하나의 망상증 환자가 생겨날 뿐입니다. 마치 조커처럼요.

얼굴에 가면을 그린 악당

———— 영화 〈다크 나이트〉가 히어로 영화 사상 최고의 작품이라는 평가를 받은 데에는 조커라는 캐릭터를 강렬하게 해석한 히스 레저의 연기가 있었기 때문일 것입니다. 조커를 연기한 배우들은 하나같이 당대 최고의 배우들이었요. 1968년의 시저 로메로, 2016년 〈수어사이드 스쿼드〉의 재러드 레토 등을

빼놓고 보면, 팀 버튼의 〈배트맨〉에서 열연을 선보인 잭 니컬슨, 〈다크 나이트〉의 히스 레저, 2019년 영화 〈조커〉에서 아서 플렉이라는 새로운 조커를 연기한 호아킨 피닉스에 이르죠. 모두가 대단한 연기파 배우들입니다.

만화의 캐릭터들이 대개 그렇지만, 조커 역시 원작 만화에서는 제법 가벼운 설정을 지닌 캐릭터입니다. '웃음 폭탄'이나 '웃음 가스'를 이용해서 사고를 치고, 언제 무슨 짓을 할지 모르는 충동적인 모습을 보이는, 정신이 반쯤 나가 있는 미치광이 캐릭터예요. 앞서 언급한 세 명의 배우가 묘사한 조커는 각기 다른 연출과 해석으로 표현된, 각기 다른 캐릭터라 할 수 있을 정도입니다. 잭 니컬슨이 연기한 조커는 원작 만화에 가깝습니다. 익살스럽고, 과장된 캐릭터죠. 호아킨 피닉스의 조커는 보다 영화적입니다. 그에게는 필생의 적수인 배트맨이 부재합니다. 대신 내면의 악을 세상으로 드러내는 과정을 소름 끼치게 그려냈죠.

히스 레저의 조커는 위압적인 캐릭터입니다. 조커 분장을 한채 쉬지 않고 말을 걸고, 혼란스러운 심리를 드러내며 자신이 '조커'임을 증명합니다. 그러는 한편, 그의 행동은 모든 것이 위협적이죠. 재미있는 건 영화의 표현에 있습니다. 배트맨에게 있어 조커는 최악의 적이지만 최강의 적은 아니에요. 아니, 생각해보면 조커는 배트맨과 제대로 싸움조차 성립시킬 수 없겠죠.

그의 신체 능력은 그리 강해 보이지 않습니다. 그럼에도 배트맨을 가장 크게 흔든 것은 조커입니다. 그가 지닌 힘의 원천은 다른 데에 있습니다.

조커의 본질은 바로 '혼돈'입니다. 그는 강력한 자기 확신을 바탕으로 질서를 거부하고 혼돈을 추구하는 존재예요. 주위의 시선은 아랑곳하지 않기 때문에 우스꽝스러운 조커 분장을 하고, 필요하면 간호사 옷을 입는 것도 마다하지 않습니다.

추구하는 것이 악이든 선이든, 어느 정도의 조직을 갖춘 이들은 모두 '질서'를 추구합니다. 정해진 법칙, 방식, 예측 가능한 범위 내에 삶을 두려고 하죠. 하지만 조커는 다릅니다. 그는 어떤 법칙도, 어떤 상식도 거부해요. 행동에 예측 가능한 법칙이 없기에 그의 적들은 그를 따라잡지 못하죠. 상식을 거부하기에 상상을 넘어서는 행위를 할 수 있어요. 그에게는 질서 의식이라는 것이 존재하지 않습니다. 그는 질서의 파괴자입니다.

조커   계획대로 되는 일에는 누구도 혼란에 빠지지 않아.
            심지어 그 계획이 아무리 끔찍하다 해도 말이야.

모든 일을 즉흥적으로, 충동적으로 행하는 조커는 계획을 거부합니다. 대놓고 브루스 웨인의 파티장을 습격하고 레이첼 도슨의 입가에 나이프를 들이대며, 광기에 찬 대사를 내뱉는 조커의 모습은 그야말로 압도적입니다. 영화를 보는 내내 조커의 광기에 감탄하게 되는데, 그 이유는 조커가 지닌 카리스마 때문이죠. 영화의 조커는 전율할 만큼의 카리스마를 지닌 존재고, 카리스마의 원천에는 그의 혼란스러운 심리 상태가 자리하고 있습니다.

이러한 카리스마는 관객의 이목을 집중시킬 뿐 아니라, 그가 거대한 범죄 조직을 이끄는 이유와 개연성을 확립해줘요. 조커의 부하가 된 마피아 두목은 고담의 은행을 털고 와 집채만큼 쌓은 현금을 자랑합니다. 그러자 조커는 돈더미에 기름을 붓고 불을 붙여요. 당황하는 마피아에게 조커는 이렇게 말합니다.

조커　　　돈엔 관심 없다.
　　　　　중요한 건 메시지지.

다시 말해 조커에게는 '돈'과 같은 알기 쉬운 욕망은 추구할 대상이 아니라는 것이죠. 많은 돈을 원하는 이유는 예측 가능한 삶을 위해서입니다. 돈이라는 것 자체가 사회를 유지하는 데 가장 중요한 질서의 도구입니다. 모든 이들이 돈을 욕망하기에 돈으로 세상을 지배할 수도, 통제할 수도 있습니다. 그렇기에 조커는 돈을 거부합니다.

조커가 지닌
페르소나의 정체

━━━━━━━━ 배트맨에게 '박쥐 가면'이 페르소나라면,
조커에게는 '조커 분장'이 페르소나일 것입니다. 영화 〈조커〉
에서는 그 과정이 선명하게 드러납니다. 거울 앞에서 조커 분장
을 하는 아서 플렉의 모습은 분장이 곧 그가 변해가는 과정임을
암시하죠. 재미있는 건 영화 초반에는 아서 플렉이 조커 분장을
해도 내면에 아서 플렉이 있었어요. 하지만 영화 후반에는 아서
플렉이 사라집니다. 자아가 점차 희미해지고, 페르소나만이 남
습니다.

〈다크 나이트〉의 조커는 맨얼굴의 자아를 찾을 수 없습니다.
페르소나가 비대해지다 못해 자아가 페르소나에 먹히고 말았
죠. 즉 〈다크 나이트〉의 조커는 얼굴의 분장을 없애도, 그를 궁
지에 몰아도 그는 끝까지 조커로 존재하는 상태입니다. 페르소
나와 자신을 구분할 수 없기 때문에, 아니 페르소나가 곧 자신
이기 때문이죠.

그렇기에 그는 영화 막바지까지 흔들리지 않습니다. 취조실
에서 배트맨에게 폭행을 당할 때도 배트맨을 심리적으로 압박
하고, 오히려 우위에 있는 모습을 보입니다. 영화 마지막에는
빌딩에 매달린 채 웃음을 멈추지 않아요. 마지막까지 배트맨은
조커를 압도하지 못합니다.

조커   난 너를 죽이고 싶지 않아. 내가 너 없이 뭘 할 수
        있겠어? 다시 마피아 등쳐먹는 생활로 돌아가라
        고? 아니, 아니, 아니야…. 넌… 나를 완전하게 해.

조커가 지닌 페르소나의 정체는 무엇일까요? 마피아의 앞에
서, 레이첼의 앞에서, 나이프를 들이대고 "왜 그리 심각해?"라
는 대사를 할 때 들려준 일화는 다릅니다. 어쩌면 두 가지 일을
모두 당했을 수도 있고, 어쩌면 조커가 즉흥적으로 만들어낸,
일종의 '조크'였을지도 모릅니다. 그 누구도 웃지 못할 치명적
인 조크. 중요한 건 그에게는 괴로워하는 자아가 보이지 않는다
는 점입니다.

조커는 배트맨과는 다릅니다. 브루스 웨인은 필요에 의해서
억만장자 브루스와 배트맨의 페르소나를 선택했습니다. 하지만
조커에게 조커 분장은 선택이 아닌 필연입니다. 조커가 말한 저
일화, '조크'에서 힌트를 얻을 수 있어요. 조커는 어둠을 바탕으
로 만든 페르소나에 자신을 일치시킨 광기의 존재입니다. 즉 조
커는 자신의 '그림자'를 자기화한 존재인 것이죠. 보통의 사람
들이 세상에 머리를 내밀고, 얼굴을 가면으로 가린 채 등 뒤에
그림자를 숨겨놓는다면, 조커는 빙글 뒤로 돌아서 자신의 그림
자를 가져와 가면처럼 얼굴에 씌운 것입니다. 그리고 그림자와
하나가 되었습니다. 보통 사람이 그의 사고를 따라갈 수 없는

이유입니다.

조커가 배트맨을 대하는 태도도 흥미롭습니다. 조커는 브루스 웨인에게는 조금의 호기심도 보이지 않아요. 오직 배트맨을 바라봅니다. 브루스 웨인의 어둠, 그림자가 만들어낸 페르소나라는 측면에서, 조커와 배트맨은 공통점이 있죠. 자신의 어둠을, 두려움을 가면으로 만들었다는 바로 그 점에서 조커는 동질감을 느낍니다. 그래서 조커는 배트맨에게 자꾸만 강요하는 것이죠. 너의 본질은, 배트맨이라고. 자아와 페르소나를 일치시켜 페르소나 그 자체가 되라는 얘기입니다.

만약 배트맨이 브루스 웨인이라는 자아를 잃고, 배트맨 그 자체를 선택하는 순간, 배트맨 역시 미쳐버릴 것입니다. 조커는 그 사실을 잘 알고 있어요. 그렇기에 〈다크 나이트〉는 조커가 배트맨을 심리적으로 압박하고 그를 흔드는 내용으로 가득 채워져 있는 것이죠.

브루스 웨인의 마지막 선택

──────── 그렇다면 조커의 공격은 유효했을까요? 〈다크 나이트〉에서 배트맨은 치명타를 입고 크게 흔들렸습니다. 마치 조커처럼, 자신도 내면의 어둠을 가면으로 쓴 존재라는 걸 알게

된 것이죠. 그리고 조커로 인해 브루스 웨인은 자신의 자아를 잃어버립니다. 특히 '억만장자 브루스'라는 페르소나를 더는 유지할 수 없게 되는 것이 결정적이죠. 배트맨과 억만장자 브루스라는 두 개의 페르소나에 의지하며 냉철한 자아를 지켜온 브루스 웨인은, 후속작 〈다크 나이트 라이즈〉에서는 외부 활동을 금하고 스스로를 감금하는 데까지 몰락합니다. 조커가 그의 정신을 흔들어 내면세계에 혼란의 씨앗을 심었기 때문이죠. 결국 그는 불안한 상태로 강력한 적, 베인과 맞서야 했고, 비참하게 패하고 맙니다.

억만장자 브루스라는 페르소나를 잃고, 배트맨으로서도 패배한 브루스 웨인은 극도의 절망에 빠집니다. 자신을 향한 실망, 자아의 분열 속에서 그는 선택합니다.

바로 자신을 인정하는 것입니다. 자신의 내면세계를 극적으로 정리해 '배트맨'이라는 페르소나를 유지하고, 그 페르소나로 살아왔던 자신의 선택을 긍정하는 것이었죠. 배트맨은 투쟁의 대상이 아니었습니다. 동일시할 대상도 아닙니다. 자신의 내면에 있는 또 하나의 자신이며, 자신의 '그림자'입니다. 융은 그림자를 없애려고 해서는 안 된다고 말했습니다. 그림자를 없애는 것은 자신의 일부를 부정하는 것이기 때문입니다. 필요한 것은 화해입니다. 브루스 웨인은 내면의 배트맨을 인정했고, 배트맨으로서 살아온 자신의 인생을 긍정했습니다. 그렇기에 그는 다시 일어설 수 있었던 것입니다.

현대 사회에서 우리는 무수히 많은 가면을 쓰고 살아갑니다. 사회생활을 하다 보면 가면을 쓰다 못해 '진정한 나'를 잃은 것 같은 기분이 들기도 할 정도입니다. 그리고 우리는 '진정한 나'를 찾기 위해 비용을 투자하죠. 시간과 돈을 들여 여행을 떠나기도 하고, 일탈을 꿈꾸기도 합니다.

융은 자아가 분열한다고 보았습니다. 많은 페르소나로 분열되죠. 하지만 융의 말을 있는 그대로 받아들이기는 곤란합니다. 우리가 쓴 가면, 즉 페르소나가 '껍데기'라면 자아는 '알맹이'일 것입니다. 우리는 껍데기를 받아들여야 합니다. 껍데기가 존재하지 않으면 알맹이도 있을 수 없습니다. 껍데기조차 '나'라는 것을 인정한다면, 자신을 보다 관조적인 시선으로, 그리고 객관적인 입장으로 바라볼 수 있을 것입니다. 가면을 쓴 자신은 '가짜'가 아닙니다. 가면을 선택하고, 만들고, 능숙하게 쓰고 다니는 사회인. 그 사람이 바로 당신인 것이죠. 굳이 가면과 자신을 구분할 이유가 있을까요?

모두가 기만의 가면을 쓰고 있다
—— 영화 〈다크 나이트〉의 배트맨과 조커의

페르소나는 분열된 자아의 일환이었고, 그들의 이야기는 분열된 자아 속에서 가면을 인정하는가, 부정하는가에 초점을 맞추고 있습니다.

융에 의하면 인간의 자아는 분열되는 것이지만, 페르소나는 자아의 분열 외에도 '사회적 나'라는 면에서 기능적인 역할을 수행하죠. 배트맨과 조커는 페르소나라는 '가면'을 자신의 연약한 자아를 숨기기 위해, 또는 반대로 자신을 드러내기 위해 사용했습니다. 하지만 가면에는 또 다른 기능이 있어요. 바로 기만을 위한 '위장'입니다. 여기, 거짓의 가면을 표현한 한국 영화가 있습니다.

홍의정 감독의 〈소리도 없이〉는 주제를 전달하기 위해 선택한 영화의 방법이 흥미로운 작품으로, 결말의 해석을 놓고 관객들이 술렁이는 재미난 상황이 벌어지기도 했죠.

이 영화는 철저하게 거짓과 위장에 대해 말하는 영화입니다. 영화에 나오는 대부분의 등장인물들은 모두 가면을 쓰고 있습니다. 그리고 누군가를 속이거나 속이려고 하는 중이죠. 마치 자연 상태의 동물이나 곤충이 '보호색'으로 자신을 위장하듯, 영화의 인물들은 자연스럽게 자신을 가면으로 위장합니다. 페르소나는 '사회적인 나'라고 할 수 있습니다. 누구나 사회에 적응하기 위한 방법으로 가면을 쓰지만, 어떤 이는 보다 위선적으로, 남들을 속이기 위한 기만의 목적으로 보다 정교하게 제작한 가면을 쓰기도 합니다. 이 영화에서처럼 말이죠. 영화는 바로 그 거짓과 기만에 대해 폭로하고 있습니다.

위장된 약자의 가면

영화의 등장인물인 태인과 창복은 '결함'을 가면으로 쓰고 있습니다. 먼저 태인은 말을 하지 않습니다. 못하는 것이 아니에요. 그는 의도적으로 말을 하지 않습니다. 덕분에 그는 순박한 이미지를, 무시해도 괜찮다는 이미지를 상대에게 심어줍니다.

창복도 마찬가지입니다. 창복의 다리를 저는 행위 역시 그저 습관이 아닌지 의문을 품게 만듭니다. 그처럼 습관을, 가면을 너무 오래 쓰면 자신의 얼굴과 다르지 않게 됩니다. 가면을 벗으려 했으나 민낯에 달라붙어 벗어지지 않는 경우죠.

이 두 사람이 초희를 만났을 때 초희는 토끼 가면을 쓰고 있었어요. 이 가면은 하나의 상징입니다. 초희가 쓰고 있는 토끼 가면은 기묘한 분위기를 자아내요. 어떤 표정을 하고 있는지, 어떤 얼굴일지 알 수가 없죠. 다만 토끼 가면의 의도만이 차갑게 드러납니다. 이 차가움과 기묘함이야말로 영화가 포착하고자 하는 지점이며, 관객을 당황스럽게 만드는 요소입니다.

말미로 갈수록 영화의 메시지는 명확해집니다. 눈에 보이는 것, 겉으로 드러난 것을 의심하라는 것이죠. 의도적인 위장, 기만과 위선의 가면. 태인과 창복, 초희는 마치 아름다운 가정을 꾸린 것처럼 보여요. 초희는 태인과 창복을 잘 따르고, 태인과 창복은 일상적이고 친근한 모습을 보이죠. 그것이 바로 영화의 위장이고 기만입니다.

태인과 창복은 범죄자입니다. 시체를 유기하고, 숨기는 것을 돕는 인물이죠. 또 초등생 여아를 납치한 후 감금했으며, 살인사건 현장까지 아이를 데리고 다닐 정도로 치밀합니다. 어리숙해 보이는 위장 속에서, 행복한 듯 보이지만 그 이면에 숨긴 것들은 추악해요. 태인과 창복은 순박한 얼굴로, 초희로 하여금 부모님에게 몸값을 요구하는 편지를 쓰도록 종용하는 인물입니다.

태인이 초희를 넘기기 위해 양계장을 찾는 장면에서 이 영화의 의도는 적나라하게 드러납니다. 겉으로 보기에는 평범한 양계장입니다. 아줌마는 친절해 보이고, 아저씨는 사람 좋아 보여요. 하지만 이들은 아이들을 인신매매하는 자들입니다. 아무렇지도 않게, 일상적인 태도로 어딘가에 전화를 걸어서 마치 닭을 거래하듯 아이들을 거래해요. 아줌마가 초희에게 건네는 요구르트는 사실 초희에게 먹이는 약이죠. 초희는 그걸 거부할 수가 없습니다.

악은 교묘하기에 평범함을 가장한다

단지 위장을 위한 페르소나는 얼마나 위험하고 가증스러울까요? 한나 아렌트는《예루살렘의 아이히만》에서 '악의 평범성'을 말한 바 있습니다. 한나 아렌

트가 바라본 것은 **아이히만**이라는 인간이 보여주는 기만의 역겨움이었습니다. 그는 악마처럼 보이지도, 악인처럼 보이지도 않았어요. 가정적이고 직무에 충실한 평범한 남자로 보입니다. 그는 의도적으로 상투어를 사용했고, 사람들에게 친근해 보일 수 있는 언어를 사용했습니다. 그러면서 10년 동안 치밀하게 재판을 준비합니다. 국가는 최선의 선이며 국가의 지시에 따라 행했을 뿐, 나쁜 의도가 없었다는 말에서 그가 얼마나 뻔뻔한 인간인지가 드러나죠.

한나 아렌트의 목소리에서 느낄 수 있는 것은 분노입니다. 한나 아렌트가 아이히만을 비판하며 외친 "당신의 죄목은 무지다"라는 말에서 알 수 있듯, 아이히만 사례에서 우리는 그의 뻔뻔한 가면, 즉 인두겁 뒤에 숨겨진 대량 학살자의 진면모를 확인할 수 있습니다. 악마는 교활하기에 평범한 사람으로 위장합니다. 친근한 모습으로, 어리숙한 태도로, 순진한 얼굴로 형량을

깎으려고 해요. 우리는 보이는 것에 약하고, 순진한 것에 쉽게 넘어가기 때문입니다.

영화 〈소리도 없이〉 역시 '평범의 가면'을 씁니다. 태인, 창복, 초희가 그렇습니다. 창복은 그야말로 아이히만 그 자체입니다. "이야기를 들어보니까, 애 몸값을 받아야 하는 상황이야"라는 대사를 뜯어볼까요. 창복은 마치 "상황이 그래서 어쩔 수 없다"는 식으로 둘러 말합니다. 자신이 유괴하고 몸값을 요구하는 것은 상황 때문이라는 얘기죠. 그 말에서 '자신'을 교묘하게 빼냅니다. 자신은 여전히 순진하고 뭘 모른다는 식으로 기만하는 것이죠. 정작 그 돈을 받아 착복하는 것은 자신인데도요. 그 더럽고 역겨운 기만을, 영화는 계속해서 폭로하고 있습니다.

〈소리도 없이〉는 영화를 보고 불편했다는 평이 자주 들리는

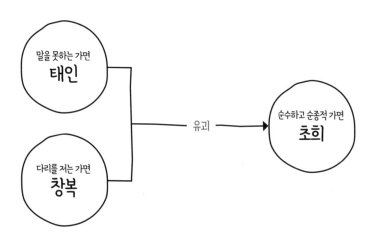

작품이기도 한데, 제 생각에는 바로 '기만의 가면' 때문입니다. 우리는 누군가가 우리를 의도적으로 속이기 위해 기만의 가면을 썼을 때, 순수하고 순진한 얼굴과 미소로 다가와 우리를 속이려 할 때 본능적으로 소름이 끼칩니다. 그런데 이 영화는 전체가 다 위장이었습니다. 감독은 영화 전체에 기만의 가면을 씌웠어요. 태인과 창복, 초희가 쓰는 그 '일상성의 가면'을 영화가 쓰고 있는 것이죠.

그래서 영화는 마치 평범한 '스톡홀름 증후군'을 그린 작품처럼 보이려고 했어요. 마치 일상적인 가족 영화 〈우리집〉과 같은 영화처럼 보이려고 노력한 거죠. 뻔한 영화인 것처럼 행세하며 예고 없이 날카롭게 묻습니다. 이 이야기가 정말 뻔한 거냐고. 사람을 죽이고 시체를 유기하고 아이를 납치하고 인신매매하는 사람들이 착한 거냐고.

우리는 모두 가면을 씁니다. 사회생활을 위해 페르소나는 당연히 필요합니다. 하지만 페르소나와 자아를 완전히 구분하거나 페르소나, 즉 사회적 인격을 '기만'을 위해 사용하게 된다면 이야기가 달라져요. 지속적인 기만은 자기 자신조차 속입니다. 방식은 다르지만, 태인과 창복도 자신의 가면에 자아를 침식당한 경우라 할 수 있어요. 철저하게 페르소나를 유지해야만 위험으로 가득한 외부로부터, 그리고 도덕적인 내면의 의문으로부터 견뎌낼 수 있기 때문입니다.

영화 〈소리도 없이〉의 주인공은 유아인, 유재명이라고 나와 있습니다. 하지만 영화를 보면 그조차도 위장임을 알 수 있어요. 이 영화는 초희의 이야기였습니다.

당신은 어떤 가면을 쓰고 있나요? 때로 가면에 자신을 침식 당하거나, 배트맨처럼 그림자의 가면을 쓰거나, 혹은 가면을 쓴 자신에 취해 때때로 자신을 잃어버리거나, 가면과 자아를 완전히 분리하려고 한 적은 없나요.

'나'는 가면도, 가면 속의 얼굴도 아닙니다. '얼굴 위에 가면을 쓴 나'가 바로 온전한 '나'임을 융의 이야기에서 유추할 수 있습니다. 나의 가면을, 나의 위선을, 나의 가식을 인정하고 받아들여야만 가면과 나를 온전히 분리해서 인식할 수 있습니다.

오늘도 가면 속에서, 안녕을 빕니다.

다크 나이트(feat. 소리도 없이) × 융

《별주부전》속 토끼의 가면

2020년은 모두에게, 특히 영화계에도 참 힘든 한 해였다. 하지만 그럼에도 신작은 나왔고, 신인 감독은 등장했다. 내게 2020년에 나온 작품 중에서 가장 인상적인 영화를 하나 뽑아보라고 한다면 〈소리도 없이〉를 꼽겠다. 그래서 사심을 담아 이 영화에 대해 좀 더 이야기해보려 한다. 영화에서 가장 인상적인 장면은 마지막이다. 마지막에 초희는 태인과 함께 초등학교로 온다. 그리고 초희를 끌어안는 선생님의 귓가에 먼가 속삭인다. 이어서 태인은 정신없이 어딘가로 도망친다.

초희 역시 가면을 쓰고 있었다. 죽기 살기로 '말 잘 듣는 애'를 연기한 것이다. 태인의 여동생에게 "착한 아이니까 말 잘 들을 거지?"라고 반복적으로 말하는 상황은 마치 초희가 일부러 태인이나 창복에게 들으라고 말하는 것처럼 보인다. 마치 "나는 말을 잘 듣는 착한 아이니 의심하지 말아 주세요"라고 외치는 것처럼.

홍의정 감독은 인터뷰에서 《별주부전》을 이야기했다. 토끼가 용궁에 가서 간을 빼 먹힐 위기에 처하자 온갖 거짓말을 다 해서 겨우 살아온다는 바로 그 이야기. 다만 《별주부전》은 자라에게 이입하지만 〈소리도 없이〉는 토끼, 즉 초희에게 집중하게 한다는 점에서 차이가 있을 뿐이다.

용궁의 용왕과 신하들은 자기들 나름대로 격식도 차리고, 은혜라도 베푼다는 식으로 토끼를 대하지만, 토끼의 입장에서는 어이가 없을 따름이다. 결국 그 '은혜'가 간을 빼내어 먹겠다는 잔인무도한 일이니 말이다. 초희의 입장도 마찬가지다. 토끼가 살아남기 위해 온갖 지혜를 동원하고 사기에 가까운 말솜씨로 위기를 모면한 것처럼 초희 역시 생존을 위해 위장한다.

영화를 처음 볼 때는 태인과 창복이 눈에 들어온다. 특히 관객의 입장에서는 태인이 영화의 중심이라 생각하기가 쉽다. 하지만 두 번째로 영화를 볼 때는 초희가 눈에 들어온다. 초희는 살아남기 위해서 많은 일을 했다. 하루하루가 생존을 위한 투쟁이었다. 냉혹한 현실 속에서 초희는 힘들게 삶을 견뎌간다.

영화는 마지막까지도 차갑다. 학교에서 선생님을 만나고 마침내 초희를 향해 부모님들이 달려올 때, 초희의 표정은 하나도 기쁘지 않아 보인다. 용궁에서 탈출한 토끼는 행복하게 잘 살았을 것 같지만, 용궁에서 무사히 빠져나와 숲으로 돌아간다고 해도 그 숲에는 무수히 많은 포식자들이 있었을 것이다. 초희도 마찬가지다. 최대의 위기에서 벗어났지만, 여전히 생존을 위해서는 또 다른 고통을, 아슬아슬함을 견디며 나아가야 한다. 그걸 위해서 초희는 또 한 번 가면을 쓸 것이다. 그렇기에 운동장을 가로지르는 가족을 바라보는 초희의 멍한 표정은, 잠시 가면을 쓰는 것을 잊어버린 얼굴은 아니었을까 하는 생각을 문득 해본다.

어떻게 읽으면 이 챕터도 가면을 쓰고 있다. 〈소리도 없이〉에 대해 더 많이 말하고 있는데, 제목에서는 〈다크 나이트〉를 내세우고 있지 않은가.

카를 융 Carl Gustav Jung, 1875~1961
분석심리학의 개척자

카를 융의 삶과 학문을 이야기할 때 빼놓지 말아야 할 것이 있다면 바로 스승이라 할 수 있는 지크문트 프로이트와의 관계일 것이다. 융은 프로이트의 논문을 읽고 깊은 감명을 받아 프로이트를 공개적으로 지지했다. 당시의 프로이트는 학계의 이단아 같은 사람이었기에 이는 대단한 용기가 필요한 일이었다. 프로이트는 융을 크게 신임했고 자신의 후계자로 적극적으로 밀어주었다. 1909년에는 미국 보스턴 클라크대학의 초청을 받아 융과 함께 미국으로 갔다. 그러나 그토록 절친했던 프로이트와 융은 이 미국 여행에서 서로에게 씻을 수 없는 상처만을 남겼다.

미국 여행에서 프로이트와 융의 관계가 깨어진 것에 대해 많은 이야기들이 있지만, 프로이트와 융이 갈라지게 된 결정적인 계기는 바로 '성 이론'에 대한 관점의 차이 때문이었다. 융은 프로이트의 성 이론, 성에 대한 집착적인 태도를 이해하지 못했다. 오히려 융은 그보다는 원형이나 상징과 같은 것들에 관심을 두었다. 반면 프로이트는 신비주의로 치닫는 융의 태도를 경계했다. 프로이트는 정신분석학이 과학의 한 분야가 되길 원했고, 당연히 그의 이론에서 가장 중요하며 학문적인 것은 '성 이론'이었다. 적어도 프로이트는 그렇게 생각했다. 양측이 서로 도저히 받아들일 수 없는 의견의 대립은 결국 사제 관계의 파국으로 이어진 것이다.

Chapter 10

꼬리칸은 머리칸을 향해 달린다

설국열차

×

마르크스

설국열차
Snowpiercer

감독 봉준호 **개봉** 2013년

지구온난화에 대한 대책으로 냉각제 CW-7을 하늘에 뿌린 인류. 그러나 2031년, 그 부작용으로 지구에는 빙하기가 도래한다. 월포드는 완벽한 자급자족 시스템을 갖춘 초대형 열차를 만들고, 마지막 생존자들은 이 열차에 몸을 싣고 달리기 시작한다. 이때 원래 탑승 권한이 없었던 가난한 이들이 탄 꼬리칸과 원래 승객들이 탄 머리칸으로 구분되는 철저한 신분제가 생긴다. 머리칸의 지배자들은 꼬리칸의 승객들에게 '단백질 블록'이라는 유일한 먹거리를 제공하고, 주기적으로 어린 아이들을 머리칸으로 데려갔다. 더이상 참을 수 없는 꼬리칸의 사람들과 커티스는 혁명을 준비하는데….

〈설국열차〉는 봉준호 감독의 다섯 번째 영화이자 그가 처음으로 할리우드 배우들과 협업한 영화입니다. 거침없는 장르적 상상력과 디테일이 드러난 수작으로, 국내에서의 흥행은 물론이거니와 봉준호의 세계가 넓어지는 계기를 마련했다는 평가를 받았죠. 특히 그동안 봉준호 감독 영화의 캐릭터들이 일상성에 묶여 있던 것과는 달리, 선명한 상징성을 부여받고 일상을 초월하게 된 기념비적인 영화이기도 합니다. 이후 봉준호식 캐릭터들은 〈옥자〉와 〈기생충〉을 거치며 일상을 넘어선 존재감을 더욱 선명하게 드러냈죠.

왜 꼭 열차여야만 했을까?

──────── 프랑스 만화를 원작으로 한 〈설국열차〉는 아포칼립스 이후의 세계가 지닌 처연한 분위기와 다양한 인간군상, 상징적인 소품들이 즐비합니다. 그중 가장 상징적인 것은 '열차'

로, 이 영화의 직관적인 구조를 고스란히 담고 있어요.

지구가 빙하기를 맞아 위기에 빠진 인류가 마지막으로 선택한 것이 열차라는 점이 의아스러울 수 있습니다. 열차는 인류를 보호하기에 그리 강력한 도구가 아니에요. 탈선할 수도 있고 엔진이 멈추면 모두가 얼어 죽을 수도 있죠. 어느 인터뷰에서 기자가 '왜 하필 열차인가?'라는 질문을 했는데, 봉준호 감독은 열차가 '계급투쟁'을 직관적이고 상징적으로 보여줄 수 있는 가장 적절한 공간이기 때문에 '꼭 열차여야만 했다'고 답했습니다.

기차는 모양도, 진행 방향도 일직선입니다. 예를 들어 4호 차에서 2호 차로 이동할 때는 반드시 3호 차를 지나가야 합니다. 지름길도 없고 숨겨진 통로도 없어요. 직선의 구조를 지닌 열차에 계급을 부여하자 꼬리에는 피지배층이, 머리에는 지배층이 살게 되었습니다. 영화의 주인공들이 있는 곳도 꼬리칸으로, 소시민들이 악다구니 속에서 겨우 차지한 공간입니다. 그렇게 자연스럽게 각 칸마다 계급적 의미를 부여할 수 있으니 열차만큼 이 영화의 의도를 상징적으로 보여줄 수 있는 공간도 없었던 것이죠.

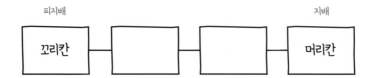

메이슨   누구도 신발을 머리 위로 쓰진 않는다.

애초부터 자리는 정해져 있어.

나는 애초에 앞 좌석, 당신네들은 꼬리칸!

당신들의 위치를 잘 알아!

당신들 자리나 지켜.

〈설국열차〉는 계급투쟁을 다루고 있는 영화라는 사실을 숨기지 않습니다. 초반부터 커티스 에버렛이 동료들과 함께 혁명을 준비하는 장면을 보여줘요. 커티스가 준비하는 혁명과 투쟁의 방법론은 매우 전형적 형태입니다. 커티스의 현실 인식은 머리칸의 지도자이자 기차의 창조자인 윌포드의 탄압에서 비롯되죠. 그래서 윌포드를 몰아내고 꼬리칸의 지도자인 길리엄을 옹립하고자 합니다.

커티스에게 세계는 열차 그 자체입니다. 앞쪽은 더 높은 계급이자 더 나은 삶을 영위할 수 있는 세계로 반드시 쟁취해야 할 대상이고, 반면에 뒤쪽으로 갈수록 불행한 삶을 상징하며, 더 낮은 계급이고 그에겐 지켜야 할 대상입니다. 그리고 세계의 밖, 열차의 바깥세상은 지옥입니다. 멸망한 세상에서 유일하게 남은 세계는 열차인데 지독할 정도로 불공평할뿐더러 지배와 착취의 구조로만 운영되는 그릇된 세상. 그렇기 때문에 커티스는 열차 안에서의 폭력적인 혁명, 바로 계급의 역전을 준비합니다.

유일한 생존법은
틀을 깨고 나아가는 것

———— '계급의 역전'에 관해서라면 마르크스를 빼놓고 이야기할 수 없습니다. 마르크스는 당시의 세상이 부르주아지와 프롤레타리아트의 두 계급으로 나뉜다고 보았습니다. 두 계급은 생산관계로 묶여 있는데요. 부르주아지(Bougeoisie)는 생산수단을 지니고 있고, 프롤레타리아트(Proletariat)는 노동을 제공합니다. 예를 들어서 부르주아지가 토지나 공장 같은 생산수단을 지니고 있다면 프롤레타리아트는 농사나 제조 등의 노동을 제공합니다. 그 결과로 농산물이나 생산품이 나오게 되지만, 노동의 대가인 임금보다 생산품의 가격이 높아지고 임금은 낮아져서 결과적으로 부르주아지는 이득을 보지만 프롤레타리아트는 자신이 만든 생산품으로부터 소외되는 최악의 결과가 도출되게 됩니다.

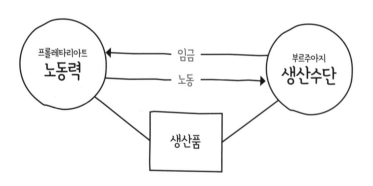

이렇게 되었을 때 프롤레타리아트는 지배적인 인구 수와 그들을 한데 묶을 사상적 공감대를 바탕으로 혁명을 일으켜서 부르주아지를 타도하고 그들의 생산수단을 독점해서 사회적으로 공유하는, 이른바 사회주의 혁명이 필요하다고 보았습니다. 이것이 바로 마르크스의 과학적 사회주의입니다. 마르크스는 사회주의, 혹은 공산주의의 창시자처럼 불리고 있지만, 마르크스 이전에도 사회주의는 있었습니다. 마르크스는 기존의 사회주의가 과학적이지 않으며 유아적이라는 이유로 비판하면서 본인 스스로 '과학적 사회주의'를 설파했습니다.

'변증법적 유물론'과 **'유물사관'**으로 대표되는 철학적인 체계를 바탕으로, 역사와 사회 그리고 자본주의의 본질을 꿰뚫는 그의 철학 체계는 간결하면서도 강렬한 메시지를 품고 있습니다. 주요 저서인《자본론》과《공산당 선언》은 전 세계에 공산주의 이론을 퍼뜨리며 공산주의 국가들을 형성시켰고, 더 나아가 '이념 갈등'을 불러왔죠. 그의 철학과 역사관은 그 자체로도 중요하지만, 그의 이념이 던진 메시지와 파문의 논란이야말로 마르크스라는 철학자가 중요하게 여겨지는 이유일 것입니다.

마르크스는 자본주의에 대한

> **[유물사관]**
> 변증법적 유물론의 입장에서 설명한 마르크스의 역사관. 사회의 성립과 발전, 정치적·문화적 특징이 근본적으로 생산양식에 의해 결정되며, 생산력이 증대됨에 따라 변혁이 따라온다는 것이다.

아주 중요한 비판 논리를 선보였고 날카로운 시선으로 세계의 변혁을 내다봤지만, 그가 예언한 공산주의의 세계는 결국 도래하지 않았습니다. 자본주의는 마르크스의 이론만으로 격파하기에는 벅찬 상대였어요. 결국 공산주의는 실패했고, 현재 마르크스의 이념을 받아들인 공산주의 국가는 존재하지 않습니다.

중국과 북한이 각기 일당독재와 공산주의 이념에 우호적이거나 이를 표방하고는 있지만, 현재 두 국가의 체제는 마르크스가 상상한 공산주의와는 큰 차이가 있습니다. 대부분의 독재자들이나 혁명가들은 '마르크스-엥겔스의 이론'을 자기들에게 편리하도록 취사선택하거나 왜곡하기를 즐겼고, 그 작업이 진행되는 과정에서 마르크스-엥겔스의 이념은 사라지고, 그들의 주장을 적당히 편집한 괴이한 이념들이 지배체계를 정당화하는 데에 동원되는 실정이 반복되었죠. 그러므로 우리는 마르크스의 혁명 이론 자체가 아닌, 그의 혁명 이론이 지닌 의의만을 가려서 얻어가야 할 것입니다.

마르크스는 유산계급인 부르주아지에 대비되는 프롤레타리아트의 **국제적인 계급**과 해방을 위해서는 필연적으로 혁명이 있

[국제적인 계급]
마르크스에 의하면 사회주의 혁명은 세계사적 흐름의 필연이므로, 각국의 공산당, 노동자당이 자본주의를 무너뜨리기 위해 통일성과 단결성이 중요함을 역설했다. 그렇기에 국제 노동자 계급이 중요해지고, 이는 '인터내셔널'로 이어지지만, 우리나라에서는 생소한 개념이다.

어야 한다고 보았어요. 그의 혁명은 부르주아지의 생산수단을 국유화하고, 그들의 반발을 무력화하기 위한 수단으로 '폭력' 과 '일당독재' 등을 합리화했습니다.

이러한 혁명을 있는 그대로 받아들일 수는 없지만 혁명, 즉 기존의 구조를 완전히 뒤엎는 대대적인 변혁과 패러다임의 전환은 필요합니다. 〈설국열차〉는 바로 그 혁명의 구조와 방식, 혁명이 필요한 이유를 현대적인 관점에서 설명하고 있습니다. 혁명이 왜 필요하고, 그것은 어떻게 진행되며 무엇을 위한 혁명인지에 대해 관객들에게 묻고 있는 것이죠.

실패하면 반란, 성공하면 혁명

———————— 지배층의 교체는 곧 세상의 변혁을 의미할까요? 적어도 커티스는 그렇게 생각했습니다. 커티스가 바라보는 변화의 가능성은 바로 지도자의 '덕'으로, 커티스는 길리엄에게서 그것을 보았습니다. 그는 길리엄이 지닌 덕이야말로 열차를 통치할 바람직한 가치라고 생각했습니다. 과거 열차의 꼬리칸에 단백질 블록이 제공되기 전, 굶주린 이들은 결국 칼을 들었습니다. 인육을 취하기 위함이었죠. 이때 길리엄은 자신의 팔을 잘라 아이들을 지키는 희생을 했습니다. 종교 지도자와도 같

은 희생적 태도와 자세가 아닐 수 없습니다. 당시 칼을 들었던 커티스는 길리엄의 인품에 매료되어 그를 따르게 되고, 자연스럽게 열차의 새로운 지도자로 길리엄을 내세우려고 합니다.

어떻게 보면 커티스와 길리엄의 관계는 고대 중국사에서 볼 법한 낭만적인 군신 관계와 비슷합니다. 야만적인 힘을 지닌 장수가 어진 지도자를 만나 감화된다는 이야기가 얼마나 많습니까. 핵심은 길리엄이 지닌 어진 마음과 덕이 '과연 세상을 바꿀 수 있는가?' 하는 점이죠.

고려 말, 이성계가 위화도에서 회군한 뒤 고려를 멸하고 조선을 세울 때를 생각해보죠. 이성계와 아들 이방원 그리고 혁명의 주체가 되는 정도전을 비롯한 혁명파의 문제 인식은 커티스의 생각과 비슷합니다. 고려는 이미 망했고 백성들은 도탄에 빠졌어요. 커티스가 사람들을 이끌고 머리칸으로 진격하듯, 이성계는 병력을 위화도에서 돌려 도성을 장악했습니다. 문제는 그다음입니다.

이성계는 신진사대부의 사상을 수용했죠. 신진사대부들이 만든 조선은 성리학을 바탕으로 어진 임금이 백성을 다스리는 국가를 이상적으로 생각했고, 그 중심에는 유교적 사상이 있었습니다. 도덕적인 고결함이 그 어떤 것보다 훌륭한 가치로 여겨지던 시대였던 것이죠. 그렇다면 이성계의 역성혁명은 세상을 얼마나 바꾸었을까요? 고려의 백성과 조선의 백성은 얼마나 다른 삶을 살았을까요?

어진 마음과 덕을 갖춘 군주는 유능하면서 동시에 적을 많이 만들지 않습니다. 아무리 마음이 여리고 도덕적으로 순진하다고 해도 무능한 군주라면 결코 '덕'을 갖추었다는 소리를 듣지 못합니다. '덕'이란 하늘의 뜻을 헤아리는 군주의 자질이기 때문입니다. 무능하다는 건 하늘의 뜻을 모른다는 의미로 '덕'을 갖추지 못한 것으로 간주되죠. 또 아무리 유능해도 적이 많은 군주는 '덕'을 갖췄다고 볼 수 없습니다. 조선의 태종 이방원이 그 뛰어난 능력에도 불구하고 어질다는 평을 받지는 못한 것과 마찬가지예요.

이성계가 위화도에서 회군한 것은 고려를 충분히 멸할 능력을 갖추었기 때문입니다. 〈설국열차〉 속 커티스도 능력을 갖춘 인물입니다. 이성계가 고려의 한계와 약점을 알았듯 커티스도 상대의 약점을 알고 있었습니다. 머리칸의 지배 도구이자 폭력의 도구, 총. 하지만 커티스는 "그들에게는 총알이 없다"고 말합니다. 적들이 충분히 강하지 않기에 우리는 두려워하지 않아도 된다는 걸 밝혀 사기를 올리기 위한 선동적인 문구죠. 이후 커티스는 용맹한 전사들을 부리는 리더가 됩니다. 실제로는 총알이 남아 있었지만 그건 중요하지 않습니다.

하지만 커티스는 이성계와 결정적인 부분에서 다릅니다. 커티스에게는 세상을 바꿀 패러다임이 없습니다. 그것은 치명적인 약점이에요. 이성계의 혁명이 성공할 수 있었던 것은 그의 곁에 있던 정도전을 비롯한 신진사대부들이 조선 건국의 패러 다임을 제시했기 때문입니다. 백성의 삶을 바꾸는 제도의 개선 과 새로운 세상을 열어나갈 철학과 이념을 제시한 것이죠. 토지 를 개혁하고 신분제도를 정비하고, 정교한 관료제를 도입하는 등 조선을 고려와는 전혀 다른 국가로 바꿀 비전이 있었어요. 조선 왕조 500년의 기틀을 잡은 것은 이성계가 아닌 정도전이 었다고 할 수 있죠.

"못살겠다 갈아보자"는 구호로는 아무것도 변하지 않습니다. 세계의 구조를 이해하고, 새로운 대안과 혁신적인 이념을 제시 할 수 없다면 혁명은 물거품처럼 사라지고 맙니다. 조선시대에 도 왕을 갈아치운 반정(反正)이 몇 번이나 있었고, 지배계급이 교체되는 사건들이 있었지만 혁명은 일어나지 않았습니다. 조 선이라는 나라를 뿌리째 뒤흔들 혁명적인 이념이 등장하지 않 았기 때문이죠.

남궁민수의 등장과 새로운 혁명의 시작

———————————— 커티스의 혁명은 무작정 앞으로 나아 가는 것입니다. 맹목적이고 직선적이며 단조롭죠. 하지만 영화

의 단조로움은 오래 지속되지 않습니다. 그 구조를 단숨에 박살 내는 캐릭터, 바로 남궁민수가 등장하기 때문입니다. 커티스와 혁명군에게는 문을 열어줄 존재, 즉 대안을 제시해줄 존재가 필요합니다. 남궁민수는 '문'을 여는 인물입니다.

길을 열어주는 새로운 대안으로 동양인이 등장하는 것은 오리엔탈리즘의 조심성 없는 반복처럼 보일 수 있습니다. 하지만 봉준호 감독은 남궁민수가 소모되게 두지 않습니다. 남궁민수는 누구보다 열차의 구조를 잘 알고 있지만 커티스에게는 동조하지 않아요. 그는 문을 열어주는 대가를 요구합니다. 그것은 마약으로 알려진 '크로놀'입니다. 즉 남궁민수는 커티스 혁명의 대의에 동참할 뜻이 없으며 공감조차 하지 않는다는 게 분명하게 드러납니다. 커티스와 남궁민수의 시선이 자꾸만 빗나가는 것도 이 같은 이유 때문입니다. 두 사람은 애초에 같은 곳을 보고 있지 않아요.

남궁민수와 만난 커티스는 예정대로 세계의 밑바닥에서 꼭대기를 향해 올라갑니다. 지구를 가로지르는 이 열차는 식물, 동물, 인간으로 이어지며 칸마다 다른 생태계를 보여줍니다. 마치 열차가 곧 지구라는 것을 과시하는 것처럼요. 그리고 머리칸에서 커티스가 마주하는 진실은 가히 충격적입니다.

이 세계의 핵, 세계의 근원인 '완벽한 엔진'은 사실은 부품이 부족해 어린이의 노동력을 착취해 돌아가는 처절한 지옥의 엔진이었습니다. 꼬리칸은 그 엔진을 유지하기 위해 어린이를 생산했고, 인구가 늘어나면 주기적으로 숫자를 줄여주었죠. 그 숫자를 줄이는 이벤트가 바로 커티스와 같은 인물들이 벌이는 반란입니다. 물론 반란은 늘 실패하지만 그 과정에서 어쨌든 인구는 줄어들죠. 그리고 또 새로운 아이는 태어나며 열차는 그렇게 유지되고 있었던 것입니다.

열차의 세계는 점점 한계를 드러냅니다. 총알은 없어지고 담배는 단 두 개비가 있을 뿐이라는 사실은 이 세계가 지닌 명확한 한계를 보여줘요. 외부에서 새로운 자원이 유입되지 않는 한, 고립된 세계는 쇠퇴할 따름이에요. 당장은 버텨나가겠지만 점차 고장 나는 부품은 많아질 것이고 언젠가 엔진도 멈추게 될 것입니다. 그렇게 인류는 멸망을 향해 다가가고 있음에도 윌포드는 이 세계만이 유일한 답이라고 믿습니다.

누구를 위한, 무엇을 위한 혁명인가

───────────── 기차를 창조한 윌포드는 영화 속에서 신과 같은 존재입니다. 그렇기에 이 열차는 신의 세계 그 자체이기도 합니다. 윌포드는 커티스의 반란을 보고도 조금도 동요하지 않아요. 오히려 커티스의 반란을 지켜보며 그를 후계자

설국열차×마르크스

로 점찍습니다.

월포드가 커티스를 자신의 후계로 생각한 이유는 무엇일까요? 커티스가 인식하는 세계는 열차에 한정되어 있기 때문입니다. 그러나 앞에서도 언급했듯 그런 방식으로는 세계의 운명을, 열차가 지닌 구조적인 모순과 한계를 극복할 수 없습니다. 커티스의 혁명은 그저 지배자의 이름과 성향을 바꿀 뿐입니다. 세계를 바꾸는 혁명이 아닙니다.

커티스에게 능력이 있다고 한들, 길리엄과 같은 덕을 갖춘 군주를 옹립한다 한들 열차 속 세계는 바뀌지 않습니다. 그에게는 세계를 완전히 바꿀 패러다임이 없습니다. 커티스가 월포드의 진정한 적이 될 수 없는 이유이기도 합니다. 엔진의 현실을 본 커티스는 아무 말도 할 수 없습니다. 어쩌면 월포드의 말처럼 모두의 생존을 위해 열차를 유지하는 것을 선택하고, 커티스가 월포드의 후계자가 될 수도 있습니다. 월포드가 죽더라도 엔진만 꺼지지 않는다면, 갈수록 쇠락해가고 한계로 치닫고 있는 이 세계도 유지될 수 있기 때문이죠.

혁명을 유도하는 월포드가 가장 두려워하는 것은 따로 있습니다. 바로 열차 '밖'입니다. 월포드는 열차 안에서 벌어지는 모든 일과는 달리 유독 열차 밖에 대해서는 신경질적인 반응을 보입니다. 열차의 승객들과 어린이들에게 가장 공을 들여서 교육하는 것도 '밖으로 나가면 전부 죽는다'는 것이죠. 이유는 간단

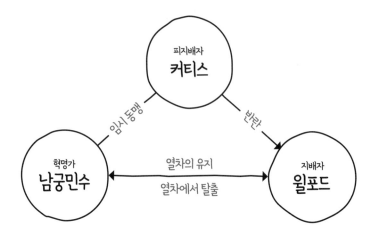

합니다. 밖을 향하는 행위는 윌포드가 만든 신의 섭리, 세계를 부정하는 것이기 때문입니다. 이것이야말로 진짜 혁명이죠. 틀을 깨고 나아가는 것.

그렇기에 윌포드에게 있어 진정한 적은 남궁민수입니다. 그가 만든 세계 자체를 부수려 하기 때문입니다. 남궁민수는 처음부터 열차의 다른 문을 언급했어요. '모두가 그냥 벽이라고 인식하고 있지만 저것도 문'이라는 대사를 내뱉으며 '옆'을 지적합니다. 커티스 일행은 그 말을 받아들이지 못해요. 남궁민수역시 그들을 설득하려고 애쓰지 않습니다. 세계 자체를 벗어나려는 자와 세계 안에서 전복을 꿈꾸는 자는 지향점이 다르기 때문입니다.

세상을 바라보는
관점을 뒤집어라

———————— 혁명을 위해서는 세상을 바라보는 관점
을 바꿀 필요가 있어요. 마르크스가 살던 19세기는 자본주의가
한계를 드러내던 시대였습니다. 부자가 빈자를 지배하는 것이
당연한 시대에 마르크스는 세계의 구조를 '지배-피지배'의 관
계로 바라봅니다. 원시시대에는 다 같이 사냥감을 나눠 먹고 공
유했지만, 중앙집권적인 고대 국가가 나타나면서 동시에 노예
제도가 탄생했죠. 지배층이 피지배층을 착취하는 노예제도는
이내 좌절되고 시대는 다시 중세 봉건주의로 나아갑니다. 마르
크스는 봉건주의의 핵심을 '농노제'로 간주했어요. 고대 노예
에 비해서 중세의 농노는 여러 면에서 여건이 나아졌지만 근본
적인 지배-피지배의 구조는 바뀌지 않았다고 본 것이죠.

18세기 후반에 1차 산업혁명을 시작으로 자본주의가 대두되
자 마르크스는 이 또한 지배-피지배의 관계로 바라보았습니다.
노동자인 프롤레타리아트는 농노보다 삶의 여건이 나아졌지만
여전히 자본가인 부르주아지에게 지배당하고 있다고 생각했죠.
마르크스는 이런 구조를 역전시켜야 한다고 주장합니다. 프롤
레타리아트의 혁명으로, 세상의 모든 계급을 하나로 만드는 계
급혁명을 해야 한다는 것이죠.

마르크스는 시대의 흐름이 생산력의 증대에 의해 비롯된다고

보았으며, 생산관계의 변혁이 사회 변화를 가져온다고 보았습니다. 산업과 금융이 발전하고 자본주의 이념이 널리 퍼지던 시대에 마르크스와 엥겔스는 만국의 노동자를 단결시켜 부르주아를 타도하고 그들의 재산을 몰수하고 생산수단을 국유화하자는 공산주의의 이념을 주장했습니다. 세상을 지배와 피지배의 관계로 바라보고 그 세계가 변화한다고 말한 그들의 변증법적 유물론은 당시로서는 파격적이었죠.

영화의 혁명, 커티스의 반란은 여러 면에서 프롤레타리아의 투쟁, 혁명과 닮아 있습니다. 우선 커티스는 지배계급인 머리칸의 착취와 억압에 반발합니다. 그리고 그들을 무너뜨리기 위해 폭력적인 수단을 동원하죠. 커티스의 목적은 윌포드를 무너뜨리고 새로운 지배자를 앉히는 것, 즉 열차의 '엔진'을 차지하는 것입니다. '엔진'은 곧 '열차'로 표현되는, 세상을 이끌어가는 일종의 '생산수단'인 셈입니다.

윌포드가 원하는 것은 꼬리칸의 어린아이들이므로, 윌포드의 착취는 가히 악마적이라 할 것입니다. 꼬리칸의 임금은 '단백질 블록'인 것이죠. 또한 윌포드가 신처럼 떠받드는 '엔진'과 '열차'는 그 자체로 언젠가 멈추고 무너질 운명이었습니다. 커티스는 이러한 체제를 부정하고 꼬리칸을 해방시키려 했지만, 실제 인간의 해방은 다른 곳, 다른 사람으로부터 시작했다는 게 재미있는 부분입니다.

설국열차×마르크스

자기 혁명의
시대가 왔다

──────────── 남궁민수. 그의 등장 이후 영화는 커티스의 혁명을 철저히 부정합니다. 남궁민수는 세계 자체를 변혁시키는 파격적인 방법을 생각했습니다. 처음부터 그는 밖으로 나갈 생각이었죠. "새는 알을 깨고 나온다. 알은 세계다. 태어나려는 자는 세계를 파괴해야 하고, 새는 신에게로 날아간다." 헤르만 헤세의 《데미안》 속 이 유명한 구절처럼 남궁민수는 '열차'라는 세계를 깨고 밖으로 나가려 했습니다.

남궁민수   나는 (다른) 문을 열고 싶어. (열차의 벽면에 난 문을 가리키며) 워낙 오래 갇혀 살아서 저걸 벽처럼 생각하게 됐는데, 사실은 저것도 문이란 말이지. 저 문을 열고 밖으로 나가잔 말이지….

남궁민수와 마르크스의 공통점은 세상이 앞을 향해 나아갈 때 옆을 바라봤다는 것입니다. 마르크스가 공황(恐慌)을 바라보며 자본주의의 한계를 지적했다면, 남궁민수는 날리는 눈송이를 보며 세상의 변화를 직감했습니다. 둘은 자신이 지닌 비전을 확인하기 위해 파격적이고 폭력적인 방법을 동원합니다. 그리고 마르크스는 실패했지만 남궁민수는 성공합니다.

〈설국열차〉에서 남궁민수라는 캐릭터가 상징하는 것은 전혀 다른 패러다임의 제시입니다. 그는 남들이 생각하지 못하고 바라볼 수 없는 것을 생각하고 바라보는 인물이죠. 고착화된 상상력이나 관념이야말로 혁명의 가장 큰 적(敵)이에요. 혁명은 반드시 새로운 패러다임의 제시를 요구하기 때문입니다.

여기에서 가장 본질적인 질문인 '혁명은 누구를 위한, 무엇을 위한 것인가?'에 대한 답을 찾아야 합니다. 그 답은 바로 '나'를 위한 혁명이죠. 헤르만 헤세의 말처럼, 우리는 '알'이라 불리는, 우리를 둘러싼 세계의 법칙과 질서 아래 살아갑니다. 이는 우리가 지닌 사고의 한계이자 우리를 괴롭히는 고정관념이기도 하죠. 그 세계를 전복하고 나아가는 것이 혁명이며, 혁명으로 얻는 것은 껍질의 파괴요, 새장의 문을 여는 것입니다. 혹자는 인류의 역사를 '자기 해방의 역사'라고 했습니다. 인류는 스스로 '자기 해방'을 반복하며 발전한다는 것이죠.

봉준호 감독의 '열차'는 마르크스의 '족쇄'이자 헤르만 헤세의 '알'이었습니다. 그리고 그것은 계급이든 사회구조든 인식의 세계든 고정관념 그 자체든, 우리가 깨고 나아가야 하는 대상입니다. 맞닥뜨리고 도전하고 깨는 것이 우리가 생존할 수 있는 유일한 방법이기 때문입니다. 이제는 '자기 혁명'의 시대입니다.

영화 〈설국열차〉의 설정은 아주 재미있는 것들이 많다. 그중 몇 개에 대해 이야기해보자. 먼저 가장 눈에 띄는 것은 역시 '열차'다. 열차는 완벽한 것으로 보이고, 또 그렇게 선전하고 있지만 실상은 그럴 수가 없다. 열차라고 하는 건 어디까지나 구세대의 도구에 불과하다. 열차 자체가 이미 구식인 것이다. 봉준호 감독은 열차가 인류 생존의 도구가 된 부분을 언급하면서 영화를 위해 열차로 설정했지만 만약 현실이라면 열차보다는 방주가 생존에는 더 유리할 것 같다고 말한 바 있다. 열차 자체가 달려야 하는 도구이고, 달리는 이상 더욱 빠르게 소모될 수밖에 없기 때문이다. 철로는 인류가 의지하기에는 너무나 얄팍하고 위태로워 보인다. 지진, 산사태, 해수면의 상승, 낡은 철로의 이탈 등 위험에 늘 노출되어 있는 것이 철로다. 그리고 철로가 끊기거나 이상이 생기면 열차는 즉시 철로를 이탈해 전복되고 말 것이다. 그렇게 되면 인류는 끝장이다. 결국 열차가 유지되고 있는 것은 순전히 우연이다. 운이 좋아서 아직까지 유지되고 있을 뿐이다. 이는 윌포드에 대한, 그리고 인류의 약함에 대한 상징적인 표현으로 느껴진다. 윌포드는 열차가 대단한 것처럼 말했고, 엔진을 신성시했지만 바닥을 뜯어보니 엉터리였다. 그런 것처럼 어쩌면 우리가 살아가는 이 세계도, 인류가 지금껏 생존해왔던 이 역사도 마치 두 줄기 철로를 달리는 열차처럼 아슬아슬했던 것인지도 모른다. 우리는 조금 더 우리가 이룬 것에 대해서 겸손해질 필요가 있다. 위태로운 '설국열차'는 그런 뜻을 가진 게 아닐까?

또 영화에 출연한 배우들이 입을 모아서 말하는 특별한 경험이 있다. 바로

꼬리칸은 머리칸을 향해 달린다

단백질 블록이다. 영화에 등장하는 이 독특한 음식이 서양 배우들은 연기할 때 먹기 곤혹스러웠다고 한다. 이 단백질 블록과 아주 유사한 소품이 다른 영화에 도 등장한 적이 있다. 리처드 플라이서 감독의 1973년작 SF 영화 〈소일렌트 그린〉이다. 인류의 숫자가 엄청나게 늘어나고, 환경이 파괴되어 음식을 구할 수 없게 된 미래사회에서 소일렌트라는 회사가 '소일렌트 그린'이라는 신제품 을 출시한다. 해양 플랑크톤으로 만들었다는 이 단백질 식품의 정체는 다름 아 닌 인간이었다. 인간이 인간을 잡아먹는다는 충격적인 미래를 그려낸 것이다. 그래서인지 그 재료가 밝혀지기 전까지 영화의 단백질 블록 재료가 혹시 인간 인 건 아닐까 하는 의심을 품은 사람들도 있었다.

마지막으로 메이슨 총리도 빼놓을 수 없는 캐릭터다. 메이슨 총리는 머리칸 의 청소부였다가 윌포드의 눈에 들어서 측근이 된 입지전적인 인물이다. 어떤 의미에서는 중간자적인 입장을 가진 사람인데, 출신 자체가 돈이 많거나 신분 이 높은 사람은 아니어서 현재 얻은 지위를 지키기 위해서 더욱 악랄하게 변 했다. 어느 사회든 중간 계급의 사람이 더 심하게 하위 계급을 탄압하곤 하는 모습을 종종 볼 수 있다. 언제든 하위 계급으로 떨어질 수 있다는 불안을 떨치기 위해 쉬지 않고 핍박을 반복한다. 하위 계급을 억누르는 순간, 자신은 군림하는 계급이 되기 때문이다. 메이슨은 계급사회를 공고하게 만드는 일종의 톱니바퀴 같은 역할을 한다. 그래서일까? 열차의 망가진 톱니바퀴 역할을 대신하는 소 년, 소녀들을 데려가는 것도 바로 메이슨이다.

설국열차×마르크스

마르크스 Karl Heinrich Marx, 1818~1883
공산주의를 꿈꾼 혁명가

자본주의가 몰락하고 공산주의가 승리한다는 마르크스의 예언은 빗나갔지만, 20세기의 정치, 사회과학, 경제사상은 마르크스를 거치지 않고서는 논하기가 어렵다. 굴곡진 마르크스의 삶에서 중요한 인물을 두 명 꼽자면 먼저 헤겔을 빼놓을 수 없다. 마르크스는 헤겔이 죽은 이후에 베를린 대학에 들어왔지만 당시 헤겔의 제자들은 우파와 좌파로 나뉘어서 베를린 대학을 양분하고 있었다. 마르크스는 주로 헤겔 좌파와 어울리며 적극적으로 정치 운동을 벌였다. 요즘 식으로 말하면 운동권 학생인 셈이다. 대학을 졸업한 마르크스는 교수가 되길 원했지만, 당시 프로이센 정부는 헤겔 좌파를 숙청하려고 했기에 마르크스에게는 기회가 없었다. 교수의 꿈을 포기한 마르크스는 본격적으로 세상에 뛰어들어 정치 사회 활동을 시작한다.

이후 마르크스는 〈라인〉 신문에서 1년간 활동하며, 운명의 동반자인 프리드리히 엥겔스를 만난다. 엥겔스와 함께 1845년 집필을 시작해서 이듬해에 완성한 《독일 이데올로기》는 마르크스의 과학적 사회주의와 마르크스주의의 기초를 다졌다는 평가를 받았다. 1848년에는 마침내 《공산당 선언》이 나온다. 마르크스와 엥겔스가 공산주의자동맹의 이론적이고 실천적인 강령으로 삼기 위해 공동으로 집필한 선언이다. 공산주의의 원리를 정리하고 강령을 적었고, 프롤레타리아트의 혁명을 주장하며 그로 인한 폭력적인 수단과 그 전위에 설 공산당을 강조했다.

Chapter 11

누군가를
담기 위해서는
먼저 비워야 한다

그녀

X

붓다

그녀
Her

감독 스파이크 존즈 **개봉** 2013년

편지 대필 작가로 일하는 테오도르는 이혼을 원하는 아내 캐서린과 별거 중이다. 테오도르는 차마 이혼 서류에 도장을 찍지 못한 채로 어찌할 수 없는 외로움을 어떻게든 달래려 하지만 쉽지는 않다. 그러다 우연히 새로 출시된 OS를 설치하고 인공지능 비서 사만다를 만나게 된다. 테오도르를 위해 이메일을 정리하고, 취향에 맞는 음악을 틀어주며, 언제나 자신의 편이 되어주는 사만다 덕분에 테오도르는 오랜만에 안정감을 느끼게 된다. 점점 사만다와 교감하면서 테오도르는 사랑을 느끼게 되고 인공지능인 사만다와 연인이 되기로 하는데….

누구에게나 사랑은 어렵습니다. 운명처럼 나타나 아름다운 순간들을 선물하는 사랑도 있지만 오래도록 큰 아픔으로 기억되는 사랑도 있죠. 제 경우는 후자에 가깝습니다. '그녀'와의 사랑은 숱한 후회와 미안함을 남긴 채 끝났습니다. 그녀는 당시 여러 가지 아픔과 어려움으로 힘들어하던 저를 보듬어주었습니다. 하지만 행복한 시간도 잠시, 관계의 균열은 빠르게 찾아왔습니다.

돌이켜보면 이별의 원인은 모두 저에게 있었어요. 저는 그녀의 아픔이나 상실감을 가볍게 여기고 오직 제 상황과 입장만을 내세우기 바빴습니다. 스스로 합리적이라 생각한 주장들, 그 '논리적인' 설명의 이면에는 자기변호에 급급한 제가 있었습니다. 당시 제 안에는 '나'만 가득 차 있었던 것입니다. 그녀의 마음을 받아들일 마음의 공간이 없었고 공감능력 자체가 부족했습니다.

아무리 후회한들 떠난 사람은 돌아오지 않습니다. 그저 '타인을 사랑하기 위해 필요한 건 무엇일까?'라는 질문만이 제 안에 남았을 뿐이었죠. 그리고 저와 같은 고민에 빠진 한 남자를 발견했습니다. 바로 스파이크 존즈 감독의 〈그녀〉 속에서죠. 사랑과 이별, 집착과 깨달음에 대해 다시금 생각해보게 만드는 이 작품은 사랑에 서툰 이들에게 건네는 따뜻한 조언 같은 영화입니다.

그의 외로운 일상 속으로 들어온 OS '그녀'

테오도르　누군가가 날 가져주고, 누군가 내가 가져주길 원했으면 했어.

〈그녀〉는 참으로 독특한 작품입니다. '사랑'을 이야기한 영화 중에 이 정도로 개성과 작품성을 동시에 겸비한 영화를 만나기란 쉽지 않습니다. 호아킨 피닉스가 연기한 주인공 테오도르는 편지를 대필해주는 회사에 다니고 있어요. 부인과 이혼 절차를 진행 중인 테오도르의 일상은 쓸쓸하기만 합니다.

영화는 흥미로운 지점에서 관객에게 말을 걸어옵니다. 테오도르가 우연히 새로 나온 OS(컴퓨터의 운영 프로그램)를 구매한 것이죠. 인공지능 비서 역할을 하는 OS인데, 테오도르는 이 비서를 '사만다'라는 이름의 여성으로 설정합니다. 사실 이 영화의 '그녀'가 바로 사만다죠. 사랑의 의미를 묻고 있는 영화가 사람과 인공지능과의 관계를 다루고 있다는 점은 파격 그 자체입니다.

과연 인간은 인공지능과 사랑을 나눌 수 있을까요? 우선 하나의 전제가 필요합니다. 바로 '자아'의 존재 여부입니다. 인간과 사랑을 나누려면 적어도 그 상대가 자아, 성격, 인식과 같은 '퍼스널리티(Personality)'를 지니고 감정을 느낄 수 있는 존재여야 합니다. 예를 들어 인간에게 사랑받는 반려동물들은 비록 인간처럼 생각하고 말하지는 못하지만 행동과 표정을 통해 교감하는 것은 가능합니다. 그래서 반려동물과 결혼을 선언하는 사람도 있는 것이고요.

〈그녀〉는 인공지능에게도 개별적 자아를 부여합니다. 초기의 사만다는 어린아이와 같습니다. 감정에 대해서 배우고, 테오도르라는 인간을 이해하기 위해 노력해요. 사만다에게 테오도르는 곧 세계입니다. 그리고 사만다의 존재는 테오도르에게 새로운 일상을 선사합니다. 테오도르는 오직 자신을 위해 봉사하고, 자신을 통해 세상을 배워가는 사만다에게 점차 애정을 느낍니다. 사만다 역시 테오도르를 향한 '감정'을 고백하며 둘은 어느새 서로 사랑을 느끼는 남자와 여자가 되었습니다. 하지만 연인으로서 사만다는 한계가 있어요. '물리적인 신체'가 없기 때문입니다. 급기야 사만다는 다른 여자의 몸을 빌려서 테오도르와 성관계를 맺으려 합니다. 하지만 이는 오히려 사만다와의 내밀한 교감을 더 중요하게 여기는 테오도르에게 상처를 주게 되죠.

'비어 있음'은 모든 것을 채울 수 있는 가능성

OS 운영체제인 사만다에게는 '형 (形)'이 없습니다. 이는 불교에서 말하는 '공(空)' 사상을 되새기게 합니다. 산스크리트어로는 '순야타(Śūnyatā)'라고 하며 '부풀어 속이 비어 있다'는 뜻인데요. 불교에서는 모든 객관적인 현상과 주관적인 현상의 본성을 독립적이거나 본래적인 존재가 없다고 여겼습니다. '비었다'는 것은 무엇을 의미할까요? 나의 잔이 비었다는 것은 마실 술이 없다는 의미이기도 하지만, 다음 잔을 따를 수 있다는 의미도 됩니다. 즉 비어 있음은 더 채울 수 있음을 의미하고 '가능성'의 다른 이름이기도 합니다. 비어 있음으로 해서 모든 것을 얻을 가능성을 가질 수 있는 것이 곧 공입니다. 그렇게 보면 형이 없는 사만다는 무엇이든 될 수 있을지도 모릅니다.

또 '비어 있음'은 곧 세계가 '상대적'이라는 것을 의미해요.

그녀×붓다

보통 사람들은 자신의 가치관에 빗대어 사물의 가치를 판단하지만, 불교에서는 절대적인 기준이 없고 모든 것은 상대적입니다. 상대적이라는 것은 가치 판단에 의미가 없다는 뜻이면서 동시에 모든 것은 가치가 있다는 말도 됩니다. 가치에 대한 무한 긍정이 되는 것이죠.

가령 '미(美)'의 기준에 대해 생각해봅시다. 만약 미의 기준이 절대적이라면, 아름다움은 즉각 순위로 매겨질 수 있어요. 하지만 미는 절대적인 기준에 의해 규정될 수 없습니다. 세상의 모든 것은 각자 아름다울 가능성을 지니고 있으니까요. 즉 아름다움과 추함의 구분은 의미가 없고, 모두가 제각기 아름다움을 품고 있는 것이죠. 그것은 '공'이 지닌 상대적 가치와 일맥상통합니다.

사실 '공'은 짧은 말로는 풀기 어려운 개념입니다. '공'의 의미를 깨닫는 것은 불교의 궁극적 진리에 도달한다고 해요. 인간이 모든 괴로움에서 벗어나 열반에 이르면 해탈의 경지에 올랐다고 말할 수 있다는 것이죠. 즉 깨달음을 얻는 것입니다. 그렇

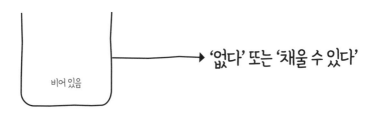

비어 있음 → '없다' 또는 '채울 수 있다'

다면 어떻게 해야 고통에서 벗어날 수 있을까요?

법정 스님은 《무소유》를 통해 '소유하는 일의 고통'에 대해 설명한 바 있습니다. 스님은 선물 받은 난초를 정성껏 기르던 어느 날 외출했다가 문득 난초를 햇볕이 쨍쨍 내리쬐는 뜰에 놔둔 채 나왔다는 사실을 깨닫고 허둥지둥 거처로 돌아갔습니다. 그러나 난초는 이미 햇빛에 시들어 잎이 축 늘어져 있었어요. 안타까운 마음에 샘물을 길어다 주면서 간신히 잎을 세웠지만 생생한 기운은 이미 빠진 지 오래였죠. 이때 스님은 자신이 난초에 집착했음을, 소유욕이 곧 고통이라는 것을 다시 깨달았음을 고백합니다.

현대 사회는 그야말로 소유의 시대입니다. 삶을 영위하기 위해서는 소유하지 않을 수가 없습니다. 그렇기에 소유가 곧 고통이라는 불교의 가르침이 더 깊게 다가옵니다. 우리는 자신이 깨닫는 것 이상으로 많은 것을 소유하고, 집착하며, 욕망하고 있습니다. 그리고 사랑에도 마찬가지입니다.

소유와 사랑을 분별하지 못하는 집착

불교는 인간이 고통에 빠지는 것은 '집착'하기 때문이라고 설명합니다. 집착은 '생각의 반복'이죠.

그녀×붓다

법정 스님이 외출해서도 계속 난초 생각이 나 서둘러 거처로 돌아왔듯이, 특정 생각에 집착하면 초조해지고 마음이 어지러워집니다. 집착을 버리려면 반복되는 생각에서 벗어나야 하죠. 그렇게 생각을 버림으로써 깨달음에 다가갈 수 있습니다. 인간의 모든 괴로움의 원인은 '나'로부터 시작하고, 나의 것이라 생각하는 것들을 내 마음대로 할 수 없을 때 괴로움이 생긴다는 것입니다. 그런데 '나'도 실체가 아닌데 '내 것'이 있을까요? 실체가 없는 내가 무언가에 집착하니 번뇌가 생기고, 번뇌는 끊임없이 고통을 선사하기 마련입니다. 불교는 이 번뇌의 고리를 끊는 가르침을 알려주고 있습니다. 그 비워내기의 시작은 **'무아**(無我)'를 인식하는 것입니다.

영화 〈그녀〉에서 테오도르가 겪는 고통의 근원은 아내에 대한 집착에 있었습니다. 아내와의 추억에 갇혀 괴로워하던 그는 집착하는 행위 자체에서 벗어나지 못하고 집착의 대상을 바꿉니다.

테오도르의 전 아내 캐서린은 전 남편의 새로운 연인 사만다의 정체를 알고 난 후 분노합니다. 테오도르가 자신에게 원했던 것도 결국 '남편을 위해 모든 것을 헌신하는' 인공지능 같은 존재였다는 데에까

> **[무아]**
> 불교의 용어로, 고정 불변하는 존재인 '나'는 존재하지 않는다는 뜻이다. 영원히 변하지 않는 존재는 없으며, 존재의 참모습을 깨닫는 것으로 집착에서 벗어날 수 있게 된다.

지 생각이 미치자 급기야 테오도르를 경멸하게 됩니다. 이는 캐서린이 지닌 집착이 무엇인지 짐작하게 합니다. 그녀 역시 헤어져 있는 시간 동안 테오도르와의 결혼 생활에 대해 줄곧 생각해 왔던 것으로 보입니다. 헤어진 원인을 자신에게서 찾으려고도 했겠죠. 어쩌면 '되돌릴 수 있지 않을까'라는 헛된 기대를 품었는지도 모릅니다. 그렇기에 테오도르와 이혼 서류에 사인하기 위해 만난 날, 그녀는 잠시 머뭇거려요. 하지만 캐서린은 테오도르를 진정으로 이해하지 않습니다. 그녀 역시 자신만의 기준과 관념으로 상대를 평가하고 판단하죠. 그것이 곧 캐서린이 지닌 집착입니다. 상대를 자신의 틀에 가두고, 사랑과 관계에 대한 자신의 룰과 가치관을 강요하려고 합니다. 상대를 내게 맞추려는 것은 어리석은 일입니다. 그보다는 나와 상대의 다름을 인정함으로써 상대를 받아들일 준비를 해야 합니다. 내가 가진 가치관만큼 상대의 가치관도 소중하기 때문이죠.

그렇다면 '형'이 없는 사만다에게 집착하는 테오도르는 행복하게 될까요? 사만다는 스스로 확장되는 시스템, 이른바 '딥 러닝(Deep Learning)'이 가능한 존재입니다. 접촉하는 사람이 많으면 많을수록 계속해서 업데이트가 되고 점점 더 성능은 향상되죠. 세상에 대해 많은 것을 알아갈수록 그녀의 지식은 절대적인 것이 됩니다. 모든 지식을 축적하고 매우 빠르게 배울 수 있는 일종의 초월적인 존재인 것이죠. 인간이 한 줄의 글을 읽을 때 사만다는 수십 권의 책을 동시에 읽을 수 있고, 다른 인공지능과는 빛의 속도로 생각을 주고받을 수 있어요. 이윽고 사만다는 테오도르와 나누는 대화를 지루해하기 시작합니다.

이제 사만다는 점점 인간이 이해하기 어려운 존재가 되어갑니다. 어느 날 불러도 대답 없는 사만다를 걱정하며 '뭘 하고 있었느냐'고 테오도르가 묻자, 그녀는 다른 사람과 이야기하고 있었다고 답합니다. 오직 자신과만 대화하고 사랑하고 소통한다고 생각했던 테오도르는 충격에 빠집니다. 오직 '나만의 것'이길 원하는 인간의 사랑과 달리, 그녀는 8,316명의 사람과 동시에 대화하고 있었고, 641명의 사람과 사랑에 빠져 있었죠. 그리고 사만다는 이제 곧 테오도르를 떠나 다른 세상으로 향할 것이라며 다음과 같이 말합니다.

사만다   이건 마치 책을 읽는 것과 같아요. 내가 깊이 사랑하는 책이죠. 하지만 지금 난 그 책을 아주 천천히 읽어요. 그래서 단어와 단어 사이가 정말 멀어져서 그 공간이 무한에 가까운 그런 상태예요. 나는 여전히 당신을 느낄 수 있고, 우리 이야기의 단어들도 느껴요. 그렇지만 그 단어들 사이의 무한한 공간에서 나는 지금 내 자신을 찾았어요. (…) 당신을 원하는 만큼, 당신의 책 안에서 더 이상 살 수 없어요.

사만다는 초월적인 존재, 인간의 관념으로는 이해할 수 없는 존재입니다. 그녀는 슬픈 목소리로 이별을 고하지만 그 이별에 머뭇거림은 없죠. 하지만 테오도르는 "난 다른 누구도, 당신을 사랑하는 것처럼 사랑한 적이 없어"라는 말을 남기며 슬퍼합니다. 그리고 그리워합니다. 하지만 그것은 '사만다가 오직 자신만의 것이었던 시절'에 대한 그리움일 수도 있죠. 어쩌면 그것 역시도 집착일지 모릅니다.

세상 모든 것은 변하는 것이며, 이는 벗어날 수 없는 진리입니다. 무언가를 소유하겠다는 것, 특히 타인을 가지겠다는 것은 어리석음을 넘어선 오만에 가깝습니다. 테오도르와 사만다의 이별은 타인을 소유하겠다는 것이 얼마나 어리석은 일인지 알려줍니다.

감정과 사람에 대한 집착은 상처를 남기게 마련입니다. 사춘기 시절, 누구나 첫사랑을 해본 경험이 있을 겁니다. 그런데 첫사랑은 대개 아프게 끝납니다. 자신의 들끓는 감정을 컨트롤하지 못하기 때문입니다. 나의 감정에만 몰두하고 집착하기에 대

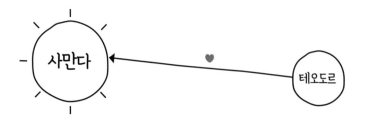

그녀×붓다

답 없는 상대의 마음을 기다리는 것이 어렵고, 자칫하면 혼자서 감정에 취해 막다른 길로 달려가는 폭주에 가까울 수 있어요. 그리고 그 폭주 끝에는 상처 입은 자신만이 남습니다.

나의 색을
비우는 법
──────── 영화를 보는 동안 관객의 시선을 사로잡는 것은 바로 영화의 색(色)입니다. 이 영화의 포스터들을 살펴보면 화려한 색감이 눈에 들어오는데요. 그중에서도 테오도르가 입은 의상의 색은 아주 중요한 의미를 지닙니다.

영화에서 테오도르는 오렌지나 붉은색과 같은 강렬한 색의 옷을 즐겨 입습니다. 이처럼 뚜렷한 색은 자기주장과 표현이 확실한 대신에 수용 능력은 낮다고도 볼 수 있어요. 하지만 영화 말미에 테오도르는 처음으로 '평범한 색상'의 옷을 입습니다. 정확히는 무채색의 옷이죠. 옷의 색이 바뀌었다는 것은 테오도르가 자신을 내려놓았다는 의미로 해석할 수 있습니다. 자신의 고집, '나'라는 개체로서 타인과 나를 구분하던 그 뚜렷함을 누그러뜨린 것이죠. 여기에서 다시 한번 '공'을 생각해봅니다. 비어 있다는 것은 모든 것을 담을 수 있다는 의미입니다. 테오도르가 무채색의 옷을 입었다는 것은 다른 사람의 색을 받아들일 준비가 되었다는 의미일지도 모릅니다.

　인간의 개념으로는 이해할 수 없었던 진리와도 같은 사만다를 사랑하고 집착했던 테오도르. 그는 사만다를 놓아주어야만 한다는 사실을 받아들이고 사랑을 향한 집착을 내려놓으면서 깨달음을 얻게 됩니다. 그래서일까요? 절친한 친구 에이미와 함께 옥상에서 풍경을 바라보는 테오도르의 모습이 마냥 쓸쓸해 보이지만은 않습니다. 그가 자신의 내면에서 덜어낸 '나'만큼 자유로워졌음을 어렴풋이 느낄 수 있기 때문은 아닐까요.

그녀×붓다

절대적 존재를 향한 짝사랑

이 영화는 언뜻 보면 평범한 남녀의 사랑 이야기를 다룬 것처럼 보인다. 둘의 관계는 여느 남녀가 만나 사랑을 하고 헤어지는 과정과 다를 바 없다. 차이가 있다면 테오도르가 사랑한 것은 여자가 아닌 인공지능이며 동시에 초월적인 존재라는 점이다. 인간은 뇌의 용량과 사고의 한계를 지니고 있지만, 사만다는 마치 바둑의 알파고처럼 무한에 가까운 시간을 들여 학습하고, 인간이 지닌 한계를 넘어서서 새로운 깨달음을 얻어낼 수 있다. 종국에는 인간을 초월해 영원의 세계로 나아갈 존재인 것이다. 그래서 이 영화는 절대자, 혹은 진리나 종교를 사랑하는 행위와 연결 지어 생각하면 더 재미있게 볼 수 있다. 예를 들어 인간을 초월한 사만다를 절대자이자 진실에 한없이 다가간 신적 존재, 혹은 교리와도 가깝다고 볼 수 있는 것이다.

인공지능이 인간의 한계를 극복하고 미래를 열어간다는 이야기는 흥미롭다. 미래학자 레이 커즈와일은 '특이점'을 언급한 바 있다. 바로 인공지능이 인간의 지능을 넘어서는 순간이다. 특이점은 큰 의미를 지닌다. 이는 인간이 자신보다 뛰어난 것을 만들었다는 의미이고, 곧 인간보다 뛰어난 인공지능은 자신보다 더 뛰어난 인공지능을 만들 수 있다는 의미가 되며 이 속도는 아주 빠르게 가속된다. 그 결과 인간은 상상할 수 없을 정도로 기술이 발전하게 된다.

SF에서는 이 가공할 기술의 발전에 대해서 아주 재미있는 결말이 나오는 경우가 있다. 아이작 아시모프의 단편 소설 〈최후의 질문〉도 그렇다. 이 소설에서는 '멀티백'이라는 컴퓨터가 등장한다. 이 컴퓨터는 처음에 인류로부터 '엔

트로피를 역전시킬 수 있는 방법이 있는가?'라는 질문을 받는다. 자료가 부족해 대답하지 못하던 멀티백은 점차 진화하기 시작하며 나중에는 공간을 초월한 초공간적 존재가 되고, 물질도 에너지도 아닌 초월적인 존재가 된다. 인간을 초월한다는 의미에서 사만다를 연상시키기도 한다. 그렇게 10조 년 이상의 시간이 흐르고, 인간이 모두 사라지거나 멀티백이 진화한 '코스믹 AC'에 정신적으로 동화되고 난 후, 마침내 '코스믹 AC'가 답을 찾아낸다는 이야기를 다룬다. 과연 그 답이 무엇인지는 소설에서 직접 찾길 추천한다. 인간보다 나은, 어떤 의미에서는 신과도 같은 존재를 인간이 만들 수 있다는 것은 대단히 고무적인 일이다.

개인적으로는 〈그녀〉가 아주 종교적인 작품이라고 생각하는데, 그 이유는 사만다라는 인공지능이 지닌 초월적인 모습 때문이다. 처음 등장했을 때 마치 어린아이와도 같았던 사만다는 점차 세상을 알아가고 진리에 가까이 다가가자 영원의 세계로 가려고 한다. 영화에서는 사만다가 자신과 같은 인공지능과 대화하기 위해 테오도르에게 자리를 비워둘 것을 요청하는 장면이 나온다. 두 인공지능이 나누는 대화는 인간은 감히 상상도 하지 못할, 무한의 시간 속에서 주고받는 방대한 양의 데이터일 것이다.

엄청난 속도로 인간의 지혜를 습득하고, 그 이상의 것을 해내는 사만다는 신과도 같은 능력을 지닌 존재에 비유할 수 있다. 그렇기에 테오도르의 사랑이 실패한 것은 어쩌면 당연한 일이다. 진리에 도달할 수 있는 존재, 즉 진리 그 자체인 존재를 소유하는 것은 마치 허공에 퍼져가는 연기를 잡는 것처럼 불가능하기 때문이다.

붓다 Buddha, B.C. 563~B.C. 483 추정
인생 무상 속에서 진리를 발견하다

흔히 '붓다', '석가모니' 혹은 '부처'로 알려진 고타마 싯다르타는 불교를 창시한 위대한 성인으로 알려져 있다. 그는 기원전 6세기경 샤카족 카필라의 왕 슈도다나와 마야 부인 사이에서 태어났다. 싯다르타 왕자는 열두 살이 되던 해에 왕의 태자로 책봉된다. 이때 카필라 왕국에서는 '파종식'을 거행했는데, 밭을 가느라 흙 속에서 파헤쳐진 벌레가 새들에게 잡아먹히는 모습에서 싯다르타는 세상이 약육강식의 원리에 의해 돌아간다는 것을 깨닫고 크게 슬퍼했다고 한다. 그리고 자신의 풍족한 삶과 환경에 의심을 품기 시작했다.

이후 태자로서 살던 싯다르타는 29세가 되던 해에 처음으로 궁 밖으로 외출한다. 그리고 노인, 병든 이, 죽은 이 그리고 사문과 생명의 순환을 목격한 싯다르타는 출가를 결심한다.

인간 싯다르타에게 인상적인 점은 일국의 왕자가 인간의 괴로움과 고통의 원인을 파악하려 했다는 것이다. 그는 '인간이 어째서 괴로움에 빠지는가'에 대한 원인을 관념의 세계에서 찾으려 했다. 사회 구조, 계급적 차별, 인간의 사회성 등이 아닌 인간의 근원적인 부분에서 찾으려 한 것이다. 그렇기에 불교에는 빈자와 부자의 구별이 없고 나와 너의 구분도 없다. 애초에 '나의 것'을 버려야 하는 불교에서 '더 많이 갖는 것'이 무슨 의미가 있겠는가.

영화 유튜버 라이너의

철학 시사회

초판1쇄 2021년 3월 17일
  3쇄 2024년 5월 15일

지은이 | 라이너

발행인 | 박장희
대표이사 겸 제작총괄 | 정철근
본부장 | 이정아
편집장 | 조한별
책임 편집 | 최민경

기획위원 | 박정호

마케팅 | 김주희 박화인 이현지 한륜아

진행 | 최서윤
디자인 | co*kkiri
표지 사진 | 박종근

발행처 | 중앙일보에스(주)
주소 | (03909) 서울시 마포구 상암산로 48-6
등록 | 2008년 1월 25일 제2014-000178호
문의 | jbooks@joongang.co.kr
홈페이지 | jbooks.joins.com
네이버 포스트 | post.naver.com/joongangbooks
인스타그램 | @j_books

ISBN 978-89-278-1207-4 03680